Samatha y Vipasana
Mindfulness y Mucho Más

Isidro Gordi

Ediciones Amara

Título original: *Samatha y Vipasana/Mindfulness y mucho más*
Ediciones Amara. Ciutadella de Menorca
Publicado por vez primera en 2018 por Ediciones Amara

Impreso en España / Printed in Spain

ISBN de la obra: 978-84-95094-61-2
Depósito Legal: ME-101/2018

Samatha y Vipasana/Mindfulness y mucho Más es el resultado de una serie de seminarios y retiros impartidos por Isidro Gordi a lo largo de los últimos años. Ediciones Amara agradece la gran labor y paciencia de Mar Delgado, Antón Gispert y Lidia Vidal, por leer una y otra vez y hacer correcciones en el texto. No obstante, voluntariamente, hemos sacrificado la pulcritud sintáctica y estilística con el fin de dejar lo más intacto posible el lenguaje directo, coloquial y el aroma de la enseñanza oral.

Contenido

Prefacio del venerable Lama Drubgyu

༄། བརྩེ་བའི་ཆོས་གྲོགས་རྙིང་པ་བདེ་ཆེན་རྡོ་རྗེ་ལགས (Isidro Gordi)། ལོ་མང་པོའི་སྔོན་ལ་བཀའ་བརྒྱུད་བླ་མ་ཨོ་རྒྱན་དབང་འདུས་མཉམ་དུ་ཆོས་ཀྱི་སློབ་སྦྱོང་བྱས་པ་དང་། ཕྱིས་སུ་མཁན་ཆེན་དགེ་བཤེས་རྟ་མགྲིན་རྒྱ་མཚོའི་སྐུ་མདུན་ནས་ལོ་ངོ་བཅུ་གཉིས་□ང་ལ། ཞབས་ཞུས་དང་ཆོས་ཀྱི་སློབ་སྦྱོང་ལམ་□མ་ལྷ□་བྱས་བཞིན་པ་དང་། འདི་ལ་བརྟེན་ནས་ཀུན་སློང་ཀུན་སྤྱོད་བསླབ་བསམ་རྣམ་དག་གི་ཐོག་དང་། སྐྱབས□ ཡོངས་ས་རྒྱལ་བའི་དབང་པོ་ཐམས་ཅད་མཁྱེན་ཅིང་གཟིགས་པ་ཆེན་པོའི་གསུངས་གཞི་བཞག་ནས། ཚུལ་ཁྲིམས་ཞི་གནས་ལྷག་མཐོང་གི་སྒོམ་ཉམས་ལེན་□མ་བཞིན་བྱེད་པའི་སྐོ□་ཡིན་པ་ལ། དད་ལྡན་ལས་ཅན་མང་པོ་ལ་ཕན་བདེ་རྒྱ་ཆེན་པོ་ཡོང་བའི་གུས་བླ་མ་སྒྲུབ་བརྒྱུད་བསྟན་པས་བཀྲ་ཤིས་སྨོན་ལམ་བཅས་ཞུའོ།། ༎

དགེ་ལེགས་འཕེལ་བའི་བཀྲ་ཤིས་ཤོག། ༎

Querido viejo amigo del Dharma, Dechen Dorje (Isidro Gordi):

Hace ya muchos años que empezaste a estudiar Dharma con el maestro Kagyüpa, Lama Orgyen Uangdü. Después, pasaste años completos trabajando como asistente del gran maestro Khenchen Geshe Tamdrin Gyamtso, del cual recibiste las enseñanzas del Camino Gradual del Dharma. Tras estos años de dedicación, con pureza en tu motivación, conducta, adiestramiento y pensamiento, has compuesto un libro basado en las enseñanzas del victorioso y omnisciente S.S. Dalai Lama, que expone gradualmente la práctica de la disciplina ética, la meditación de la permanencia apacible (samatha) y la visión profunda (vipasana). Deseo sinceramente, con mi aspiración de buenos auspicios, que esta obra cause una inmensa felicidad y bienestar a muchos afortunados dotados de confianza en estas enseñanzas.

¡Que gocemos de los auspicios del incremento de la virtud y la excelencia!

28 de diciembre de 2017
Lama Drubgyü Tenpa

Mindfulness, Anapanasati
y
Dharma

Fundamentos y práctica de anapanasati

El tema central de este libro es beneficioso para todos, es universal: aprender a usar, enfocar y refinar tu atención, tu mindfulness, (pali: *sati*), con el fin de tener una mente estable y clara. ¿Hay alguna empresa humana donde no sea relevante tener una mente tranquila, estable y clara? Anapanasati significa "atención a la respiración"; es un tipo de meditación que no requiere fe o confianza, lo cual no significa que la fe no sea importante sino todo lo contrario, tener confianza en tu potencial es útil en cualquier tipo de empeño.

Voy a presentar algunos aspectos de mindfulness tal y como se entiende en la tradición budista: un medio para desarrollar samatha y vipasana[1]. La primera parte de este libro te enseñará a usar y desarrollar mindfulness para despertar samatha; la segunda parte explica cómo usar samatha y mindfulness para desarrollar vipasana o sabiduría.

Para ilustrar el desarrollo de mindfulness y samatha usaré dos meditaciones:

1. *Anapanasati,* tal y como aparece en la tradición theravada.
2. *Establecer la mente en su estado natural, ver el rostro de tu mente*, que aparece en el mahamudra de la tradición budista indo-tibetana, mahayana.

Las sesiones de meditación que vienen a continuación no deberían sobrepasar los veinticuatro minutos de duración, tradición que se remonta a unos mil años, en la figura de

1 Samatha se refiere al desarrollo de mindfulness o atención que desemboca en un estado de concentración perfecto (tib: *shiné,* skt: *samatha* o permanencia apacible,). Vipasana es usar la fuerza de esta concentración para investigar la realidad (tib: *lhag tong*)

Kamalashila, gran contemplador indio que viajó al Tíbet y discípulo de Shantarakshita. Él decía que los novicios no debían hacer sesiones ni demasiado largas, ni demasiado cortas. Vio que veinticuatro minutos, era un término medio, ni mucho ni poco. A veces podría tratarse solo de quince o de treinta y cinco minutos; sé flexible. Un *gathica* son veinticuatro minutos, la sesentava parte de un día, mil cuatrocientos cuarenta minutos. No es un periodo de tiempo demasiado largo -que te pueda ocasionar problemas e incomodidades físicas- pero es suficiente para permitirte entrar en el fluido de la meditación y tener cierto nivel de experiencia. Se puede alargar gradualmente, a medida que tu capacidad aumente. En la práctica de samatha buscas desarrollar el equilibrio de la atención o mindfulness. Si meditas hasta el agotamiento y lo conviertes en un hábito, el cojín te provocará náusea. Es mejor terminar cuando aún seguirías meditando; de este modo cuando veas el cojín te atraerá.

Cuando estás sentado en el cojín de meditación es vital cultivar tres cualidades secuenciales:

1) *Relajación física y mental,* fundirte en un sentimiento de comodidad, de estar a gusto en tu piel. Hoy en día nuestro ritmo de vida es estresante, y está presidido por preocupaciones y responsabilidades que provocan tensión en el cuerpo y en la mente. No es que nuestra vida sea mala *per se*, pero desde la plataforma del estrés tensas y condicionas tu cuerpo y mente, día tras día. Si llevas este estado a tu meditación, meditar será otra actividad estresante, por ello solventar esto es muy necesario. Puesto que la práctica de anapanasati consigue este propósito, se puede afirmar que es terapéutica y sanadora.

2) *Estabilidad y serenidad continuada.* Desarrollar mindfulness requiere estabilidad y quietud. La estabilidad relajada te permite practicar meditación de modo continuado, sin quemarte en el intento. En ocasiones, es bueno simplemente

sentarte en quietud, cómodo y sin moverte. Tan solo estar atento al presente.

3) *Claridad, atención fresca, despierta.* Cuando te sientas, tu cuerpo ha de ser como una montaña, la mente quieta como el espacio, pero cómoda, fresca y penetrante.

Cuando integras estos tres ya te mueves en el sendero de samatha: relaja tu cuerpo, palabra y mente tratando de encontrar un equilibrio entre la atención y la relajación. A medida que desarrollas esta meditación, llegarás a estar simultáneamente relajado, cómodo, estable y claro.

¿Has probado de dormirte cuando estás agitado, tenso y preocupado? Es obvio pues el valor que tiene cultivar estas cualidades. El hombre moderno necesita mantener el cuerpo y la mente relajados. La mente está siempre en movimiento y sus tensiones se acumulan en el cuerpo; es insano y se ha convertido en lo más habitual.

A modo de resumen: *el primer desafío* es relajarse más y más sin perder la claridad mental con la que empezaste. *El segundo desafío* es mejorar la estabilidad o continuidad de la atención sin perder el estado de comodidad y relajación. *El tercer desafío* es mejorar la claridad, aumentar la agudeza de la atención, sin perder la estabilidad ni la relajación.

Mejora la relajación sin perder la claridad; mejora la estabilidad sin perder la relajación, y mejora la claridad sin perder la estabilidad. La relajación produce estabilidad, que da paso a la claridad. Y las tres se desarrollan a medida que sigues el camino de samatha.

Primero, enfatiza la relajación, estar cómodo; después aborda la quietud, la estabilidad -continuidad de la atención- y, por último, trabaja con la claridad, mente fresca y penetrante. Cuerpo tranquilo, pero, al mismo tiempo, vigilante. La columna vertebral debe estar erguida pero cualquier músculo que no se necesite para ello debe estar relajado. Aprende a estar atento y, a la vez, totalmente relajado. Deja que el cuerpo respire sin esfuerzo, permite que la respiración fluya según su ritmo natural, sin que tú interfieras. Que tu mente esté cómoda, relajada, clara, pero despierta, atenta al proceso respiratorio.

No tenemos estas tres cualidades de modo natural, todos sabemos que, si relajas el cuerpo, la mente se apaga; y, por el contrario, si algo despierta la atención, te tensa. Aquí tratas de encontrar un estado que te permita estar *simultáneamente* relajado a la vez que mentalmente atento. Aprende a relajar profundamente el cuerpo sin perder la claridad de la mente.

La práctica de anapanasati cultiva estas tres cualidades. Ahora piensa un instante en las actitudes opuestas: 1) cuerpo tenso, estresado, inquieto, 2) mente agitada, turbulenta y fragmentada, 3) mente espesa. ¿De verdad crees que podrías ir muy lejos en tu meditación?

También puedes hacer esta meditación completamente estirado en el suelo. No es una práctica banal porque es posible que durante la vejez puedas tener problemas físicos, en las rodillas. ¿Significa esto que debes dejar de meditar? Sería muy desafortunado que el último capítulo de tu vida te atrape dormido. El mejor momento para estar relajado, a la vez que despierto es cuando te mueres. Es bueno adiestrarse a partir de ahora, y no esperar a que llegue la muerte, porque después será demasiado tarde.

Hoy en día existe un énfasis en el cuidado del cuerpo; todos sabemos lo que es una dieta sana, que fumar, beber y comer excesivamente no es recomendable. Se busca un cuerpo sano, fuerte, atlético y resistente. Anapanasati busca un estado mental fuerte, sano, equilibrado, flexible, libre de estrés. *Mens sana in corpore sano.*

Nuestra sociedad tiende a buscar la salud física, pero ¿y la salud de nuestra mente? Es imperioso empezar a buscar un estado de equilibrio interno. Y más si tienes en cuenta que, a partir de los treinta es cuando un gran deportista empieza a ser superado por una joven promesa. Físicamente hablando, a los treinta y cinco años las cosas ya no son como a los veinticinco, y a partir de los sesenta todo va cuesta abajo.

En occidente se usa la palabra "meditación" muy a la ligera y, en muchas ocasiones, el sentido que le damos no tiene nada que ver con el que tiene en sus lugares de origen. *Bhavana* es el término sánscrito que se suele traducir en occidente como "meditación", y su sentido básico es "cultivar". Si crees que la meditación es solo para gente rara, religiosa, estás del todo equivocado. ¿No has *cultivado* conocimientos para ser informático, músico, arquitecto, médico, lo que sea? Toda nuestra educación está basada en el *cultivo,* de conocimientos distintos. Tanto la educación antigua como la moderna están basadas en cultivar la mente. Anapanasati tal y como se usará en este libro, por ejemplo, cultiva relajación, estabilidad y claridad.

A continuación, presentaré cinco prácticas de anapanasati para que el lector tenga una experiencia de primera mano de lo explicado en este capítulo. Siéntate como te resulte más cómodo, con la espalda recta, elige una de ellas y déjate guiar.

Primera práctica de anapanasati: *Relajar cuerpo, palabra y mente*

Dirige tu atención -mindfulness- al cuerpo y permanece atento a la sensación no conceptual del tacto: el trasero con el cojín, la saliva en la boca, la tensión en los músculos. Que tu consciencia esté en modo testigo, atenta a las sensaciones que se producen en tu cuerpo, instante tras instante.

Que la atención impregne tu cuerpo, y si notas zonas tensas -hombros, base del cuello, rostro o cualquier otra parte-, dirige la atención hacia allí y suaviza los músculos. Hazlo hasta que tu cuerpo esté relajado, quieto y despierto.

A continuación, relaja la palabra, descansa en el silencio natural que notas cuando se apaga el incesante monólogo interno. Y para facilitarlo, permite que tu respiración adopte su ritmo natural mientras le prestas atención.

"Dejar la respiración a su ritmo natural" significa permitir que el cuerpo respire lo que necesite. De ese modo se calma la turbulencia interna de la mente que se manifiesta en forma de pensamientos recurrentes.

Esporádicamente aprovecha cada espiración para soltar problemas, tensiones y pensamientos nocivos, permitiendo que el aire salga hasta que no quede más. Y si la inspiración es superficial, profunda, larga o corta, que así sea. No trates de regular la respiración, deja que el cuerpo respire sin interferir.

Por último, relaja la mente, suelta tus preocupaciones y proyecciones acerca del futuro, tus recuerdos del pasado y date el lujo de morar en la quietud del momento presente.

Segunda práctica de anapanasati: *Enfoca tu atención en el ombligo y contar*

Relaja cuerpo, palabra y mente, permite que la respiración siga su ritmo natural. Abandona todo tipo de control y presta una atención sostenida al ritmo de tu respiración, sin pretender modificarlo.

De vez en cuando, al espirar, suelta pensamientos y tensiones, enfócate en la pausa y permite que la inspiración tenga lugar. A lo largo del proceso, permite que el cuerpo inspire y espire lo que requiera, sin tu intervención. Apártate del pasado y futuro y quédate en la inmediatez del momento presente.

A continuación, dirige la atención hacia la sensación del tacto que produce el movimiento del abdomen al inspirar y espirar. Simplemente nota cómo se expande y contrae. Mantén la continuidad de la atención en las sensaciones del tacto en el abdomen, sin perder la estabilidad.

Para facilitarlo refina la vigilancia con la que monitorizas el fluido de la atención. Observa si la atención cae en el extremo de la agitación y la excitación o en el del hundimiento.

La excitación burda es fácil de detectar, te apartas de la respiración. Tan pronto como la detectas aplica un remedio, no fuerces, ni te sientas frustrado: afloja, relaja, suelta lo que ha cautivado tu atención, y regresa al abdomen. Y si se trata del hundimiento -falta de claridad-, refuerza tu atención y regresa al abdomen.

Y, si lo deseas, experimenta con un apéndice a la práctica que se enseña en todas las escuelas budistas: cuenta la respiración. Inspira, espira y cuenta uno, y así hasta diez.

Tercera práctica de anapanasati:
Enfoca tu atención en los orificios nasales

Que tu atención descienda a tu cuerpo; permite que se relaje. Observa las sensaciones del tacto que produce la respiración al entrar y salir por los orificios nasales. Dirige la atención a esta zona y sostenla allí. Identifica las sensaciones que allí se producen al entrar y salir el aire. *Relaja* al espirar, liberando pensamientos, tensiones, y *enfócate* al inspirar. Se puede hacer esporádicamente, o durante toda la sesión.

1) Cada pensamiento es una interferencia, detéctalo con la vigilancia y suéltalo.
2) Sostén el ciclo completo de respiraciones por medio de un fluido cognitivo ininterrumpido.

La vigilancia observa tu cuerpo y mente para que no se produzca tensión en uno u otro, y monitoriza que la respiración proceda de modo suave, sin obstáculo. La labor de la vigilancia es simple: identificar la excitación o el hundimiento.

Si detectas que pierdes el objeto, libera, relaja y regresa. Si se apaga la frescura y la claridad de la mente; si se afloja la fuerza de la atención, refresca tu interés e intensifica tu atención.

Si la respiración se vuelve más tenue, y las sensaciones del tacto que ella produce se tornan más sutiles, de modo natural se intensificará la atención.

Cuarta práctica de anapanasati: Método de Asanga.

Permite que el cuerpo respire sin interferencias. Apártate de cualquier pensamiento sobre el futuro o el pasado, libera tensión física y mental. De modo natural, la consciencia se establece en quietud y claridad. Permanece en este estado, sin aferramiento.

Aquí el objeto de atención son las fluctuaciones de energía (skt: *prana*) en el dominio del cuerpo, relacionadas con tu proceso respiratorio; la experiencia inmediata de las sensaciones que ocurren en tu cuerpo al inspirar y espirar.

Atiende al dominio del cuerpo y las sensaciones vinculadas con la respiración cuando ésta entra y sale por tu cuerpo. Aplica tu mindfulness a las sensaciones de la respiración por todo el cuerpo, pero suelta todo control e influencia.

Una clave para aprender esta habilidad es la espiración: con cada espiración suelta cualquier tensión, incluyendo la de los músculos, del rostro, etc. Y, de paso, suelta toda actividad mental, pensamientos, memorias, imaginación, deseos.

Que tu atención se sumerja en este campo no conceptual y no discursivo, y cualquier pensamiento que notes, suéltalo al instante en la espiración.

Aprovecha la inspiración para enfocar más tu atención, y al espirar aprovecha para soltar tensiones, pensamientos y relajar profundamente, a la vez que sostienes un fluido incesante de atención a las sensaciones o fluctuaciones por todo el cuerpo que vienen de la respiración.

Quinta práctica de anapanasati: Método de Asanga.

Permite que el cuerpo, palabra y mente estén relajados, quietos y despiertos. Silencia el parloteo interno. Para ello, permite que tu respiración se instale en su ritmo natural. Observa cómo respira tu cuerpo sin tratar de interferir en modo alguno. Nota la pausa natural que se produce al final de la inspiración y la espiración, y sé consciente de ella.

A lo largo de la práctica genera un nuevo hábito: permanece en el presente sin que te arrastre la corriente tóxica de pensamientos. Date el lujo de liberarte de toda preocupación relativa al pasado o al futuro, y descansa en el momento presente, libre de apego y de aversión. Descansa en este estado de comodidad, claridad, quietud.

Presta atención a *todo* el proceso respiratorio, desde que entra por la nariz hasta el movimiento que se produce en el abdomen, junto con las sensaciones o fluctuaciones energéticas que se esparcen por tu cuerpo.

Una labor simple: si la inspiración o espiración es larga, sé consciente de que es larga; y si es corta sé consciente de que es corta. Con cada inspiración *refresca* tu atención; con cada espiración *relaja* tu cuerpo y mente, suelta tensiones y obstáculos. Sostén este fluido de estar implicado en las sensaciones en tu cuerpo relativas a la inspiración y la espiración.

Mindfulness y Anapanasati

La práctica de samatha -shiné en tibetano, o permanencia apacible[2] en castellano- que se explicará en este libro se basa en el desarrollo de mindfulness o atención. Uno de los métodos que se aconseja usar en el canon pali[3], es la atención a la respiración (pali: *anapanasati*).

Anapanasati aparece en el *Satipathana Sutra,* aunque también se enfatiza en el budismo zen, en el mahayana e incluso en el tantra budista. La idea que subyace a esta práctica es la siguiente: para calmar tu mente, es indispensable calmar tu sistema nervioso y para ello, nada mejor que calmar tu respiración. Si a eso le añades una buena práctica de yoga tibetano tendrás las condiciones necesarias para un desarrollo integral de tu ser.

Aprovecha cada espiración para soltar distracciones, tensiones físicas o mentales; después, simplemente, permite que la inspiración *entre por sí misma*, sin tu participación, sin inhibir, sin alterar, sea esta corta o larga, superficial o profunda.

Cada vez que durante tu sesión de meditación descubres que te distraes considéralo una invitación para soltar y relajar en cada espiración para así llegar a una quietud cada vez más profunda.

El mundo moderno nos obliga a tener prisa, a ser esclavos del reloj y, esto significa que vivimos rodeados de tensión. Las nuevas tecnologías son, sin duda, muy útiles, pero también producen tensión. Nuestro sistema nervioso está alterado, vivimos con una especie de desorden nervioso crónico.

Si deseas mejorar tu práctica de mindfulness y explorar la profundidad de samatha es preciso relajarse, porque estar

---

2 Los términos samatha, en sánscrito, shiné, en tibetano, y permanencia apacible, en castellano, son sinónimos y se usarán indistintamente a lo largo del texto.

3 Las enseñanzas clásicas theravada fueron enseñadas por el Buda en pali, mientras que las enseñanzas mahayana lo fueron en sánscrito.

tenso y meditar es incompatible. Si traes a la práctica un estado mental estresado, meditar no te va a ser muy útil. Los tibetanos suelen decir "hay muchas prácticas profundas, pero no tantos practicantes profundos". Para las personas del siglo XXI es imprescindible calmar y tranquilizar el sistema nervioso antes de pretender meditar.

La tensión no es solo un obstáculo para desarrollar mindfulness y samatha, sino que también lo es para poder practicar bien vipasana, cuyo énfasis consiste en reflexionar para ver lo que no es obvio a los sentidos: la transitoriedad de la vida, la insatisfacción, y la inexistencia de un yo sólido.

El *Lam Rim Medio* de Lama Tsongkhapa cita el clásico de Kamalashila, el texto menor de *Las Etapas de la Meditación* para ilustrar la importancia de desarrollar samatha:

> Puesto que nuestra mente está agitada como el agua
> No puede permanecer quieta sin la base de la permanencia apacible.
> Una mente sin equilibrio meditativo no puede conocer la realidad tal y como es.
> El Bhagawan también dijo: "La realidad se conoce tal y cómo es gracias a una mente en equilibrio meditativo".

Lama Tsongkhapa nos dejó la imagen de una vela que enciendes de noche en un templo oscuro para ver un mural. La vela debe tener brillo intenso y estar apartada de la corriente del viento. Si la luz es tenue, o brilla, pero sopla viento, no podrás ver los detalles del mural. Del mismo modo, necesitas una mente estable y clara para ver bien la realidad. Lama Tsongkhapa acentúa también vigilar la duración de las sesiones cuando pretendes desarrollar permanencia apacible y cita el texto mayor de las *Etapas de la Meditación* para decir:

> De este modo, gradualmente, deberías sentarte veinticuatro minutos, etc"

Como ya se ha comentado, los veinticuatro minutos se corresponden a una medida de tiempo tradicional de la India que aparece en el abhidharma[4]. No significa que *siempre* debas usar ese periodo fijo para meditar, pero es recomendable porque 1) no te cansas, y 2) evitas los obstáculos que impiden que la atención se desarrolle: el hundimiento y la excitación.

El desarrollo de samatha enfatiza más la calidad que la cantidad. Meditar bien nunca se debe medir por la cantidad de tiempo que puedes estar sentado, sino por los momentos en que estás *estable* en el objeto, a la vez que tu mente está *clara*, fresca.

Samatha es un acto de equilibrio: profundizar en el relax natural; saber estar sin hacer nada particular aparte de estar enfocado *continuadamente* sobre el objeto de meditación que, en este caso, es tu proceso respiratorio. El equilibrio en el que has de profundizar en cada sesión está en *no perder la estabilidad y la claridad a la vez que el cuerpo y la mente están relajados.*

Cuando echas una siesta tu mente se apaga y se espesa, no está clara; pero aquí el arte consiste en *estar relajado* con la mente *despierta.* Aunque no ocurre al principio, a medida que atraviesas el camino de samatha el grado de claridad se agudiza.

Desarrollar la concentración de la permanencia apacible (tib: *shiné* skt: *samatha*) con la ayuda de anapanasati, es muy simple, y una actitud destructiva que se debe evitar es que *el deseo de obtener sus frutos supere al deseo de, simplemente, meditar.* Abandona todo tipo de anhelos irrealistas y actitudes como, "¿estoy progresando?, ¿estoy más calmado?, ¿cuándo llegaré a la tercera etapa?". Con estas actitudes, en lugar de estar en la práctica te vas al futuro. Las expectativas te distraen, causan malestar y arruinan tu práctica porque anhelas algo que aún no tienes. Como irse de viaje, estás tan obsesionado con llegar al destino que se te pasan por alto los pintorescos pueblos que vas atravesando en tu camino. Es del todo seguro que recibirás resultados de tu práctica, pero *cuando*

4 Abhidharma, relacionado con la sabiduría. Una de las tres cestas que contiene todas las enseñanzas del Iluminado, siendo las otras dos, la cesta de la ética y la de la concentración.

estás meditando acostúmbrate a permanecer en un estado de simplicidad y satisfacción completas, en el momento presente. Es muy importante saber distinguir entre samatha y vipasana. En la mayoría de los retiros de cinco días que dirijo en España dedicados al desarrollo de samatha[5] me encuentro con personas que vienen de extensos retiros de vipasana y muchos de ellos me explican que no saben cuál es la diferencia entre una y otra práctica. El budismo es reciente en occidente y es importante tener una base intelectual lo más sólida posible de lo que hacemos cuando meditamos: por qué, para qué, con qué motivo, qué frutos esperas obtener, etc.

Samatha es un adiestramiento de la atención que crea un recipiente de calma y quietud que te permite practicar vipasana de modo efectivo y ver más allá de lo habitual, que sería el sentido etimológico del término vipasana.

Por ejemplo, cuando desarrollas samatha y sientes dolor en las rodillas, ese malestar puede ser un obstáculo; en cambio en la práctica de vipasana según la tradición theravada, esta situación es bienvenida. Es así porque lo que se busca es una comprensión de *dukkha*[6], de *anicca*[7] y de *anatta*[8] analizando los distintos movimientos que ocurren en el cuerpo, las sensaciones y la mente Así, un simple dolor de rodillas te puede ayudar a ver los tres. En samatha, no se anima este modo de proceder; al contrario, has de procurar, al menos al principio, que el cuerpo esté lo más cómodo posible para poder absorberte por completo en tu objeto de meditación. Vipasana analiza, investiga, samatha tan solo se absorbe en el objeto de meditación.

5 Ver: www.escuelalaicadebudismoymeditacion.es

6 *Dukha*, significa "malestar", "insatisfacción", "dolor", "inquietud". Es lo que el Buda aconseja que identifiquemos bien.

7 *Anicca* o *anitsya*, significa la transitoriedad, la transitoriedad de la vida. Un aspecto de dukha

8 *Anatta* en pali y *anatman* en sánscrito alude a un tipo de existencia falso que puede ir desde la idea de un yo permanente, singular y sin partes, pasando por un sentido de un yo sustancial y controlador hasta la ausencia de existencia intrínseca o sunyata, el vacío o vacuidad.

En mi libro *Mindfulness y mucho más/el poder de la concentración*[9], expliqué que el *Lam Rim* consiste en usar la reflexión y el análisis para efectuar una transformación de nuestra mente. Es una técnica potente y transformadora que te hace más consciente de tu potencial; usas el análisis para descubrir que las cosas son transitorias, que *dukkha* nos rodea por todas partes, que la naturaleza última de las cosas es sunyata, la vacuidad. Con matices, estos son los mismos objetivos que se persigue en los famosos retiros de vipasana de la tradición theravada.

Aunque he recibido esenciales enseñanzas theravada de la mano de monjes que habían estudiado con grandes maestros de esta tradición, mi adiestramiento principal ha sido con la tradición guelupa, fundada por Lama Tsongkhapa, y bajo la guía de mi maestro, el venerable Gueshe Tamding Gyatso. Él siempre me aconsejó usar el estudio, el análisis para meditar en los puntos del Lam Rim, que es un manual vipasana según la tradición mahayana.

Nunca dejo de enfatizar que mindfulness no es una práctica aislada, sino que está incluida dentro de un marco muy potente que es el Dharma budista, tal como viene expuesto, por ejemplo, en *El Sendero de la Libertad* en pali *Vimutimagga*, donde señala los beneficios de practicar anapanasati con estas palabras:

Si alguien practica la meditación en la respiración, obtiene la serenidad, lo exquisito, lo maravilloso y una vida gozosa. Causa que los estados negativos desaparezcan y perezcan tan pronto como aparecen. No será negligente con respecto a su cuerpo. Completa los cuatro fundamentos de la atención[10], los siete factores de la Iluminación[11] y la libertad.

---

9 Publicado por Ediciones Amara. www.ediciones-amara.net

10 Atención al cuerpo, sensaciones, mente y fenómenos.

11 Los siete factores de la Iluminación son: la atención, el entusiasmo, la

Anapanasati, Samatha y Buda

El propósito de samatha es desarrollar la atención y la concentración necesarias para obtener samadhi o estabilización meditativa. Lo bueno de este proceso es que *mientras* completas esta labor se apaciguan las cinco aflicciones o kleshas[12] siguientes que asolan tu consciencia:

1. El apego a los objetos de los sentidos.
2. La aversión.
3. El adormecimiento, el letargo, el espesor, el hundimiento.
4. La agitación, la inquietud.
5. La duda.

Apaciguar estos cinco estados mentales es muy importante porque 1) cuando están activos resulta muy difícil desarrollar atención alguna, y 2) cuando éstos se debilitan aparece un buen estado de salud interna. Buda señalaba que, mientras estés atrapado por estos cinco kleshas, no vas a estar realmente bien porque serás como una pluma empujada por el viento. Lo dice con estas palabras:

Mientras estos cinco oscurecimientos no sean abandonados uno se considera a sí mismo como alguien, endeudado, enfermo, encadenado, esclavizado y perdido en una pista del desierto *Samaññaphala Sutta* en el *Digga Nikaya* I 73 Buda.

Estás "endeudado" por culpa de la búsqueda materialista

sabiduría, el bienestar, la flexibilidad, la concentración y la ecuanimidad. Una explicación detallada de todos ellos aparece en el último capítulo de este libro.

12 Kleshas, aflicciones mentales, la causa de dukha junto con el karma o actividad que llevamos a cabo.

incesante impulsada por el apego. Este hábito no te hará sentir que tienes suficiente, en consecuencia, nunca te sentirás satisfecho.

Estás "enfermo" porque cuando estás sujeto a la ira y la aversión, no eres tú, estás como abducido.

"Encadenado" porque el espesor y la pesadez son como cadenas que dejan la mente baja y sin energía.

"Esclavizado" porque cuando estás cautivado por la excitación y las distracciones, ellas hacen de ti lo que desean, como si fueses su esclavo.

Cuando la duda predomina es como si estuvieras en un "desierto". La duda te impide centrarte en el camino ya que no sabes qué camino seguir, qué dirección tomar, te encuentras perdido.

El desarrollo de samatha solo calma la mente, pero es imprescindible. La historia de Buda nos explica que él combinó samatha y vipasana.

El príncipe Sidharta, el que se tenía que convertir en Buda, dejó su palacio a los veintinueve años. No tenía necesidad alguna de hacerlo, hubiera podido practicar las técnicas que seguían en su época los buscadores espirituales: *ahimsa, cánticos espirituales, samatha o permanencia apacible, ofrecer pujas a los dioses, ascetismo, ayunos*. Abandonó palacio y su familia a causa de una intensa motivación, una desazón interna profunda: la aspiración de liberarse irreversiblemente de *dukkha*[13] y obtener *moksha*[14].

Con ese fin practicó samatha y desarrolló estabilización meditativa (skt: *samadhi*). No obstante, se dio cuenta de que ese profundo estado de concentración *no* producía una liberación irreversible sino tan solo un nivel de calma y tranquilidad extraordinarios y trascendentales. Vio que este estado era imprescindible pero no lo más importante. *No era el final del*

13 Dukha: malestar, dolor, sufrimiento, insatisfacción existencial, el sufrimiento del mundo.

14 Moksha. Liberación completa de cualquier tipo de dukha.

camino, solo te prepara para recorrerlo de modo efectivo ya que, no importa el grado de concentración que puedas desarrollar, las semillas del descontento, del malestar, subyacen y siguen en tu interior.

Como se ha venido diciendo, una cualidad valiosa de samatha es que atenúa el malestar a la vez que apacigua y serena nuestro interior; como sumergirse en pleno calor veraniego en el lago de una montaña. No es en absoluto menospreciable. ¿Quién de nosotros no estaría contento con una mente pacífica, serena, clara y penetrante y con las aflicciones mentales inactivas?

Cuenta la historia que, tras abandonar los excesos de vivir sumido en los placeres de palacio, el hedonismo en su máxima expresión, el príncipe Sidharta cayó en el límite del ascetismo más extremo. Su propósito era encontrar el camino para liberarse, pero, pasado un tiempo, se dio cuenta de que su cuerpo se había debilitado excesivamente y, en consecuencia, su mente no fluía adecuadamente.

¿Cómo debía sentirse después de seis años de austeridad extrema?, ¿qué había aprendido? Solo la manera de *NO* obtener la Iluminación. En palacio ya había experimentado todo lo que le podía dar el mundo, sumido como estaba en los placeres de los sentidos, el poder, el hedonismo, la dimensión del tener, todos llevados a su máxima excelencia. ¡Ya sabía que esta no era la respuesta!

Había cumplido treinta y cinco años, y ahora se encontraba sin familia, sin hijo, sin esposa, sin hogar, sin poder mundano; había probado todos los sistemas espirituales y ¡estaba en el mismo punto que cuando abandonó su palacio! Lo único que había conseguido después de seis años fue recuperar la salud, pero en palacio ¡ya debía estar muy sano!

Se dice que un día aceptó yogur y arroz que le ofreció la campesina Sujata, y vio restaurar su vitalidad. Después de efectuar unos cambios en su práctica, siguió hasta el final con éxito aplicando el camino medio.

Según cuenta él mismo recordó una anécdota que le había ocurrido muchos años antes: una primavera, cuando era un joven príncipe de doce años, su padre, el rey, estaba llevando a cabo un ritual para tener buena cosecha. Sidharta estaba sentado bajo un árbol y, sin esfuerzo alguno, obtuvo samatha. Recordó cómo aquel estado de concentración le apartó de los objetos sensoriales y de los pensamientos negativos.

Dejemos que un texto clásico explique este gran momento de transición, cuando el príncipe comprende que el ascetismo no es el camino a la Iluminación:

No he obtenido una distinción más elevada que la del estado humano. ¿Podría haber otro modo de llegar a la Iluminación? Pensé en aquel día en que mi padre Sakya estaba trabajando en el campo y yo estaba sentado bajo la sombra refrescante de un manzano: apartado de los deseos sensoriales, apartado de las cosas negativas, entré y permanecí en la primera concentración, que está acompañada de reflexión y análisis, de bienestar y gozo que nace de este estado de absorción mismo. Pensé: "¿Podría ser ese el camino a la Iluminación?"

Después, siguiendo ese recuerdo, descubrí que, efectivamente, este tenía que ser el camino a la Iluminación. Y me dije: ¿Por qué he de temer ese placer que surge de la meditación? No tiene nada que ver con los deseos sensoriales o las cosas negativas". Finalmente concluí: "No temo ese placer porque no tiene nada que ver con los deseos sensoriales y las cosas negativas". "No es posible obtener dicho placer con un cuerpo tan demacrado. ¿Qué pasaría si comiera un poco de comida sólida, arroz hervido y pan?"

Majjhima Nikaya 36, 85, 100

Entendió que la búsqueda hedonista, los placeres sensoriales y vivir alrededor de este propósito, no funciona; pero castigar el cuerpo, con ayunos y privaciones tampoco. Recordó pues que debajo de aquel árbol, se había sumido en un estado de concentración especial, dotado de cinco cualidades:

1. Investigación o examen burdo skt: *vitarka*)
2. Análisis preciso (skt: *vichara*)
3. Bienestar interno (skt: *pritti*)
4. Gozo (skt: *sukha*)
5. Estabilización meditativa[15]. (skt: *samadhi*)

Se dio cuenta de que *esa* tenía que ser la entrada al sendero, la plataforma adecuada desde donde poder sumergirse en el sendero a la Liberación: una mente que no está desconcentrada ni quemada por el ascetismo sino profundamente relajada, estable, llena de gozo, bienestar, pero con la capacidad de analizar e investigar. Esto es muy importante porque, en general, cuando estás excesivamente absorto no puedes analizar y si analizas no te puedes concentrar. El príncipe se dio cuenta de que no era imprescindible seguir los estados de absorción meditativa superiores que se conocían tan bien en las tradiciones hindúes.

Con este firme reconocimiento y lleno de confianza se sentó debajo del árbol bodhi y se determinó: "No me levantaré hasta llegar a la Iluminación". Pasó esa noche en meditación y, al amanecer, obtuvo la Iluminación gracias a la unión de samatha y vipasana.

Cuenta la historia que, una vez Iluminado, se dijo a sí mismo:

> Aunque he obtenido un Dharma profundo, vasto
> y pacífico nadie puede entender mi enseñanza,
> por lo tanto, permaneceré en meditación.

Permaneció cuarenta y nueve días disfrutando de su estado de Iluminación hasta que la compasión, el deseo de ayudar a los seres a liberarse de todo malestar, le movió a ayudar a los demás a través de su Dharma. Y así llegó a Sarnath, cerca

---

15 Para más información sobre los distintos estados de absorción ver *Meditative States in Tibetan Buddhism* de Lati Rimpoché y Denma Locho Rimpoche, Jeffrey Hopkins y Leah Zahler.

de Benares, donde se encontró con cinco de sus compañeros de ascetismo a quienes explicó las cuatro nobles verdades, los principios fundamentales de su sendero. Maitreya las cita con estas palabras:

> La enfermedad se debe conocer,
> Sus causas se deben abandonar,
> La salud se debe obtener,
> La medicina se debe usar.
> Del mismo modo, el sufrimiento y el malestar, su causa,
> La cesación y el sendero,
> Se deben conocer, abandonar, obtener y practicar.

Los textos de Lam Rim presentan el sendero espiritual como un viaje desde el estado ordinario al Iluminado, y en sus últimos capítulos se proporciona toda la información necesaria para despertar samatha o permanencia apacible[16] o, en palabras más coloquiales, concentración unipuntualizada. Y también la visión superior o vipasana.

Recuerda: aunque samatha por sí sola no libera, sí trae grandes dosis de calma de la que todos nos podemos beneficiar ya desde el principio. Sin samatha las aflicciones serán más fuertes que tú y, tarde o temprano, debilitarán cualquier práctica que desees hacer. Samatha las debilita y es la herramienta para ayudarte a erradicarlas definitivamente con la fuerza de vipasana.

La filosofía budista enseña un sendero que te lleva a la irreversibilidad, ya nunca regresas hacia atrás, y por ello habla de aquella persona *que entra en la corriente,* porque ha visto el nirvana natural o realidad última mediante la unión de samatha y vipasana. A partir de aquí es como si hubieras caído en la corriente de un río que siempre te dirige hacia el océano

---

16 Conviene que el lector vuelva a recordar que el término sánscrito samatha, el tibetano shiné y el español permanencia apacible se refieren a lo mismo: el método para desarrollar samadhi o estabilización meditativa a través del desarrollo de la atención. El texto usa los tres de modo indistinto.

de la Liberación; puedes intentar nadar a contracorriente, pero, definitivamente, terminarás allí.

Tanto la tradición mahayana como la theravada habla de cinco senderos que se atraviesan en la práctica. El punto crucial del término "sendero" es que, una vez en él *te estás desarrollando espiritualmente*, quizás en una vida, pero, en caso contrario, tu adiestramiento persistirá puesto que la muerte no es el fin. La mente, como la materia, no desaparece, sino que se transforma.

Nadie ha demostrado que el cerebro es la mente, pero lo solemos creer; la asunción de que la mente está en el cerebro bombardea tus conceptos acerca de lo que es la mente. En la historia del desarrollo cultural de occidente hemos dejado para el campo de la metafísica temas como la muerte, la mente, y lo que viene después. La tradición budista contiene numerosos textos, estudios e inferencias razonables que avalan que nuestra parte inmaterial, la consciencia, no es física, ni algo que se pueda evaluar de modo objetivo. Para llegar a sus conclusiones han usado una técnica: samatha. Así pues, además de todos los beneficios ya explicados, samatha es el modo de comprobar y experimentar la naturaleza de tu mente.

Practicar samatha, visualizaciones, devoción, mantras, concentración, generosidad, es practicar Dharma. Pero esto no significa que te encuentres en uno de los cinco senderos. *Es posible practicar Dharma sin estar en un sendero de Dharma*; para que todo se transforme en un sendero, samatha es indispensable.

La Esencia del Dharma

En una ocasión, mi maestro, Gueshe Tamding Gyatso, me comentó que una manera fácil de explicar el sentido de la palabra Dharma era la siguiente: "Un modo de mirar la realidad que te aparta del engaño y conduce a un estado permanente de bienestar". Ver la realidad tal y como es: transitoria, dukkha y vacía. Del mismo modo que la comida y la respiración nutren y sostienen el cuerpo, el Dharma nutre y sostiene la mente. A continuación, aparecen algunas de sus prácticas esenciales:

1 *La ética.* Se refiere al refrenamiento de las aflicciones mentales con el fin de impedir que afecten tu comportamiento y perjudiques a los demás. La ética siempre ocurre con respecto a los demás, a personas, animales. El fundamento de toda práctica espiritual es la ética -el modo en que te comportas con el cuerpo, la palabra y la mente. Consiste en evitar que los pensamientos negativos se expresen con el cuerpo o la palabra o incluso que aparezcan en la mente. Evitar palabras que hieran y actuar sin verte influenciado por la envidia, la aversión. No es necesario considerarse una persona religiosa para practicarla; comportarse éticamente es universal.

La función de la ética es tranquilizar la mente porque procuras apartarla de aflicciones mentales que te impulsan a actuar mal. Y actuar mal es dañar, física, verbal o mentalmente, a los demás.

La práctica de la ética se basa en la comprensión de que nadie te premia o castiga por tus buenos o malos actos y, curiosamente, hace uso de los mismos elementos que se precisan en el desarrollo de la concentración: la atención y la vigilancia.

Cuando alguien te perjudica ocurre en dependencia de causas y condiciones, y en absoluto hay un sujeto sustancial que tome decisiones autónomas, aparte de su cuerpo y mente. La persona existe y toma decisiones, pero no hay ninguna evidencia de que las tome *independientemente* de sus propias causas y condiciones. Nadie elige tener aflicciones mentales, ser arrogante, envidioso, avaricioso, etc, más bien todo sucede en dependencia de diversos factores. Te encuentras en una situación particular negativa a causa de tu karma negativo, el de ella, y sus *kleshas* o aflicciones. Si alguien te insulta, tarde o temprano, experimentará su resultado negativo. Y si comprendes los efectos de sus actos despertarás compasión.

Los primeros versos del capítulo dedicados a la ética en el *Bodhisatvacaryavatara* dicen:

> Los que desean mantener su práctica han de proteger
> La mente con atención, en caso contrario degenerará.
>
> Un elefante indómito no puede con su locura causar
> la miseria de los infiernos profundos, pero el elefante
> desbocado de mi mente sí puede hacerlo.
>
> Sin embargo, sujetando el elefante de mi mente con
> Las correas de la atención cesarán los temores y
> alcanzaré la virtud.

2 *Samatha* Si tu atención se mueve entre la excitación y el hundimiento, no se puede desarrollar y la mente no tiene poder, ni equilibrio, y un estado básico de felicidad requiere una mente estable, serena y clara. Samatha es el pivote primordial de la práctica porque mejora la relajación, la estabilidad y la claridad de la mente.

¿Es posible encontrar una felicidad o bienestar que no dependa de los impulsos sensoriales? La respuesta es que sí. Y para esto sirve la meditación.

Recuerda: samatha proporciona paz, tranquilidad, comodidad. El desarrollo de samatha apacigua la turbulencia que aparece en la mente. Se trata de una permanencia apacible de la mente, dotada de una atención clara porque se ha calmado el continuo descontrolado de pensamientos, distracciones externas, y falta de claridad.

3 *La sabiduría* es lo que se desarrolla en base a las dos etapas anteriores, es la finalidad de vipasana. La tradición theravada aconseja enfocarse en "los cuatro marcos de referencia", también denominados "las cuatro aplicaciones de la atención" -cuerpo, sensaciones, mente y dharmas-, con el fin de percibir las tres características de la realidad de las que ya hemos hablado y que veremos más extensamente en la parte final del libro: todo es transitorio, experimentamos malestar, y no existe un yo sólido y permanente. Cuando tienes una experiencia completa de los tres, uno se libera de todo tipo de dolor, alcanza el nirvana. La tradición mahayana busca lo mismo con profundos matices y, para ello, enfatiza la meditación analítica aplicada a los temas que aparecen en el Lam Rim[17].

4 *El desarrollo del corazón* debería ser un elemento indispensable, y se refiere al amor y la compasión. En la tradición theravada se habla de los cuatro infinitos[18] y en la mahayana se habla de la bodhichita[19]: el deseo de llegar a la Iluminación para ayudar a todos los seres.

---

17 Lam Rim es el método en la tradición guelupa, el resto de tradiciones tibetanas tienen sus propios textos para hacerlo. *Separarse de los Cuatro Apegos, Clarificar la Intención del Sabio*, en la sakya, *El Adorno de la Joya de la Liberación* de Gampopa, en la kagyu, y *Las Palabras de mi Maestro Perfecto* de Dza Patrul en la nyigma. Todo su contenido es analizado hasta que el practicante vea las realidades escondidas: impermanencia, valor del perfecto renacimiento humano, las implicaciones de la muerte, karma, dukha, la vacuidad, las seis perfecciones y otros.

18 El amor, la compasión, la ecuanimidad y la alegría. Explicados en el libro *Mindfulness y mucho más/el poder de la concentración*.
Ver en www.ediciones-amara.net

19 Ver el libro *Cambia tu Corazón, Transforma tu vida* de Gueshe Tamding Gyatso. www.ediciones-amara.net

5 *Reverenciar lo sagrado* es esencial en el camino; reverenciar el Dharma y aquellos grandes seres que a lo largo de la historia lo han transmitido: Lama Tsongkhapa, Milarepa, Gampopa, Guru Rimpoché, Sakya Pandita, el Dalai Lama, tus propios lamas. Se trata de cierto grado de devoción natural porque cuando se habla de fe o confianza, se refiere a una cualidad enriquecedora que nos vuelve receptivos. Buda decía que es la madre de todas las virtudes. No se refiere solo a "creer", sino más bien reverenciar tu propia naturaleza búdica, tu capacidad natural de poder trascender tus límites ordinarios.

La práctica de anapanasati cultiva tanto nuestro corazón como nuestra sabiduría. El budismo apenas habla de Dios y en muchas de las prácticas aquí mencionadas ni siquiera es necesario creer en la continuidad de la consciencia, pero si no aceptas la posibilidad de que te puedas liberar, tu práctica de mindfulness y samatha, no irán muy lejos.

El famoso *Lam Rim Chenmo* desarrolla con gran profusión de detalles el modo de desarrollar samatha; lo mismo ocurre con el *Adorno de la Joya de la Liberación* de Gampopa. En el *Lamdre* se encuentra en la sección del sutra como base para practicar el vajrayana. En el *Bhavanakrama* o *Las Etapas de la Meditación* de Kalamashila aparece también en la sección del sutra. Shantideva en su *Guía a la Forma de Vida del Bodhisatva* (*Bodhisatvacaryavatara*) la coloca antes de la sabiduría o vipasana. Buda Sakyamuni lo coloca después de la ética. Lo que vienen a decir todos estos textos es que, en primer lugar, desarrolles mindfulness y estabilices la mente con samatha.

La tradición tibetana aconseja enfocarse en una imagen mental virtuosa como la de Buda para desarrollar samatha. No enfatizan tanto anapanasati; usan una imagen que te inspire un sentido de devoción porque creen que acelera el proceso. Y es cierto. Un objeto virtuoso es algo que, dado tu relación con él, despierta en ti estados internos positivos. No obstante, te deberías preguntar, "¿qué es un objeto virtuoso?" Si, como occidental, te dan la imagen de una deidad tántrica como Heruka Chakrasamvara para despertar samatha, puesto que la "capacidad de inspirar" no es intrínseca a la imagen, podría resultarte un obstáculo en lugar de una ayuda. Es así porque "objeto virtuoso" no viene del objeto porque si este fuese el caso, al mirar Heruka Chakrasmavara, la mente de quién lo observara se tornaría virtuosa automáticamente.

¿Es mejor estabilizar la mente con anapanasati o con una deidad? La mayoría de yoguis tibetanos, te aconsejarán usar una deidad. Y no les falta razón: si la mente está relajada y ya tiene un buen grado de estabilidad, usar una deidad es el mejor método para desarrollar samatha. No obstante, sin estas dos cualidades, es mucho mejor alternar los dos sistemas. Primero adquieres una atención estable con anapanasati, y después usas la deidad. Las dos prácticas se retroalimentan y aceleran el proceso.

En ocasiones olvidamos que Lama Tsongkhapa, Marpa, Sakya Pandita y tantos otros grandes yoguis aconsejaban a una audiencia budista. Practicar con deidades es un método excelente si tu mente ya está relajada; si lo intenta alguien que está tenso resultará más complejo. Los tibetanos han tenido mucho éxito con ellas, pero la nueva generación de tibetanos exiliados convive en un ambiente como el nuestro y las cosas seguramente ya no serán igual que en el Tíbet antiguo.

Muchos occidentales practican alguna sadhana tántrica pero antes de empezar, tiene mucho sentido relajarse porque, en caso contrario, estarías llevando tu propia tensión a la sadhana. Durante una sadhana hay momentos en los que es imperativo desarrollar samatha y Gueshe Tamding Gyatso aconsejaba que, al terminar la recitación del mantra, es el momento de desarrollar samatha en la deidad.

En textos clásicos de la tradición mahayana aconsejan a gente proclive a la excesiva actividad conceptual practicar alguna modalidad de anapanasati. No es probable que en el siglo quince, en la época de Lama Tsongkhapa, la gente estuviera muy tensa, pero en el siglo XXI, casi todos lo estamos. En consecuencia, pretender calmar la mente a través de la "creación de una imagen", puede ser contraproducente ya que el esfuerzo en "crear" y "ver" la deidad puede quemar tus energías. Especialmente, si no has creado con anterioridad el medio ambiente propicio para ello: relajación y cierto grado de estabilidad en tu mente.

Anapanasati, en cambio, ayuda a cualquier persona, tenga o no devoción en un objeto virtuoso. Y también puede transformarse en un objeto virtuoso gracias a tu motivación si antes de empezar la práctica generas el deseo de que te calme tu mente, afloje tus aflicciones, para que te ayude, no solo a ti sino a los que te rodean.

Citas y Metáforas

Al profundizar en anapanasati te das cuenta de que es un preparativo para desarrollar vipasana porque, incluso en algo tan simple como prestar atención a la respiración, aparece ese deseo innato de *controlar e imponer* tu voluntad sobre ella. Descubres esta tendencia y sabes que es inapropiada en la práctica, la sueltas y empiezas a *descubrir* que, al hacerlo, incluso con respecto a una actividad tan simple como prestar atención a la respiración estás, de hecho, debilitando el yo sólido, el yo que crees que decide las cosas.

Anapanasati te ayuda a acariciar tus recursos internos, a ver que el gozo y el contento no viene solo de estímulos externos sino de sacar tus recursos a la luz, en consecuencia, la necesidad incesante de "buscar" se desvanece. Anapanasati es como un programa de desintoxicación que te libera de la dependencia de los estímulos y te ayuda a estar en el momento presente, satisfecho y contento.

Hay una metáfora del Buda con respecto a *anapanasati.*

En el último mes de la estación calurosa, cuando una masa de polvo y suciedad seca se eleva por el camino, una gran nube llena de lluvia la dispersa y la calma al instante. Del mismo modo, cuando se desarrolla y cultiva la concentración por medio de la atención a la respiración, cuando se desarrolla y cultiva, es pacífica y sublime, una morada llena de néctar, y dispersa y calma al instante estados mentales negativos cada vez que salgan.

Ampliaré lo que ya expliqué en el libro *Mindfulness y mucho más/el poder de la concentración.* En tu sesión de meditación has de permitir que el cuerpo encuentre su propio ritmo de respiración. A medida que atiendes a las sensaciones que produce la respiración en los orificios nasales, notas que cuando estás agitado la respiración se vuelve más intensa, y las sensaciones más burdas, en consecuencia, necesitas más volumen de aire; si hay menos agitación se calma la respiración. Y en las pausas entre respiraciones puedes seguir cognitivamente presente porque la sensación del tacto siempre está presente. En ningún momento pierdes el fluido cognitivo. Y, a medida que la respiración y las sensaciones se atenúan, de modo natural se refuerza tu atención.

Meditar es un modo de vida y no un entretenimiento esporádico. Se ha comentado que un sentido etimológico del término "meditación" es "cultivar", por ello, las palabras en la cita, "cuando se desarrolla y cultiva" significan que obtener experiencias meditativas lleva un tiempo, como cuando se cultiva un campo. Hoy en día buscamos resultados rápidos y espectaculares sin dedicación, pero desarrollar atención y sabiduría no es tan inmediato, es necesario perseverar. Cualquier meditación requiere continuidad, y nuestro modo de vida no incentiva mucho el poner en práctica el sentido de las palabras "cultivar y desarrollar".

"Una morada sublime llena de néctar". Anapanasati calma conceptos, distracciones y problemas, en consecuencia, la mente se vuelve muy pacífica. Desde la perspectiva materialista, una experiencia sublime ocurre cuando "posees o experimentas" algo que consideras maravilloso, pero aquí la experiencia sublime alude a una cualidad ya *presente* en la consciencia que se manifiesta cuando prestas atención.

"Néctar", se refiere a que dicha experiencia sublime no es algo que te da el objeto, sino *una cualidad que ya está en tu mente* y que viene de *prestar atención al objeto*. Si cuando te sientas a meditar experimentaras ese "néctar", nunca dejarías de meditar. No obstante, aunque se experimenta durante los breves instantes en que estás concentrado, al principio no lo notas porque las distracciones son más predominantes en ti.

El "polvo seco" alude a las aflicciones mentales, que se desvanecen y pierden fuerza. Una fuerte atención tiende a dispersarlas No significa que la mente se ha liberado de ellas, sino que ésta se vuelve más robusta. Este elemento terapéutico es de vital importancia. Buda señala que esta práctica renueva tu sistema psicológico y mejora la salud de tu cuerpo. ¿Por qué apaciguar las aflicciones mentales o kleshas? Porque su función es causar malestar.

Puesto que el cuerpo y la mente están interrelacionados, los acontecimientos mentales se reflejan en el cuerpo y viceversa. A más stress y tensión más se inhibe el sistema inmune y más fácil resulta enfermar. El cuerpo y la mente tienen una increíble capacidad para mejorar su propia salud.

Las asanas en la práctica del yoga tibetano fueron ideadas para poder sentarte mejor en la postura de meditación. Si practicas meditación más de veinticuatro minutos y te sientes incómodo, puedes pensar: "¿debo dejar de meditar porque no puedo estar más tiempo sentado?" O "¿Tengo que soportar el dolor?" El camino medio es ir a la enseñanza del Buda, el *Gran Discurso de las Cuatro Aplicaciones de la Atención* dice que puedes practicar atención, 1) sentado, 2) levantado, 3) caminando y 4) estirado.

Sentado, de pie y caminando es bueno para practicar vipasana porque puedes seguir reflexionando en la naturaleza de las partes del cuerpo, sensaciones, etc. Samatha, en cambio, relaja el cuerpo, silencia el tráfico interno y ayuda a dejar la mente absorta, en consecuencia, a medida que te concentras, los sentidos físicos se disuelven en la consciencia mental, y por ello, para desarrollar samatha, es preciso sentarse en la postura clásica e incluso totalmente estirado en la cama o el suelo. Si te duele el cuerpo no es fácil concentrarse, por ello un poco de práctica en posición supina te puede ayudar. Usa una silla ergonómica si es necesario, no te limites a la idea de que solo se puede meditar si lo haces con las piernas cruzadas en el suelo.

Joseph Goldstein en uno de sus libros explica que Ananda siempre estuvo al lado del Buda como su asistente y, en ocasiones, apenas tenía tiempo de meditar. Tras la muerte de Buda, cuatrocientos noventa y nueve arhats[20] se reunieron para celebrar el primer concilio budista con el fin de recopilar toda la enseñanza del Iluminado en lo que se conoce como las tres cestas: ética, concentración y sabiduría.

Todos ellos tenían una memoria excepcional que les permitía recordar sin error las enseñanzas que escucharon durante años; estaba acumulada en el disco duro de su mente. Ananda que había estado presente en todas las enseñanzas que impartió Buda, tenía memoria fotográfica pero todavía no era un arhat, en consecuencia, podía cometer errores. Se reunieron con él y le dijeron: "No podemos empezar sin ti. Vete y medita, te esperamos". Se dice que Ananda solía meditar en las cuatro posturas y, en un momento dado, de la posición supina se incorporó atentamente para sentarse en posición meditativa, y en esa transición se convirtió en un arhat.

En el *Anapanasati Sutra* el Buda fue conciso y dividió la práctica en dieciséis fases secuenciales. Las primeras cuatro consisten en enfocarse en la respiración para desarrollar samatha y trasladarse después a vipasana, las doce fases posteriores. Una vez completadas llegas a la Liberación.

Ajan Budadhasa, famoso maestro tailandés, aconsejaba un pequeño atajo si alguien encontraba las doce fases demasiado largas. Acentuaba que anapanasati era el corazón del *Satipathana Sutra* y condensaba estas fases animando, primero a adiestrar la mente en samatha para, luego saltar a vipasana, examinar todo lo que experimentas y darte cuenta de que es transitorio, insatisfactorio y carente de un yo sólido.

Pon en práctica las cuatro primeras fases para acercarte

20 Arhat ser que se ha liberado de dukha, un ser liberado.

a samatha usando las meditaciones del principio del libro y estos consejos generales:

Con la inspiración larga, uno sabe "la inspiración es larga". Con la espiración larga, uno sabe "la espiración es larga". Con la inspiración corta, uno sabe "la inspiración es corta". Con la espiración corta, uno sabe "la espiración es corta". Uno se adiestra de ese modo: "inspiraré, experimentando el cuerpo entero. Espiraré, experimentando el cuerpo entero. Inspiraré, "aliviando el dominio del cuerpo". Espiraré aliviando el compuesto del cuerpo". Del *Anapanasati sutra.*

Cada vez que en tu meditación te enfocas en la respiración, si la inspiración es larga, sé consciente: "esta inspiración es larga". Si la espiración es larga, sé consciente: "esta espiración es larga. En la inspiración corta, sé consciente: "esta inspiración es corta. En la espiración corta, sé consciente: "esta espiración es corta.

Un modo que tienes de conocer es, generalmente, conceptual, mediante pensamientos, recuerdos, imágenes. Es necesario y útil. Pero, cuando practicas anapanasati, conoces de modo *directo* si la respiración es larga, corta, inquieta, relajada; no es necesario pensar ni imaginar nada. Es decir, la práctica de anapanasati te permite descansar de la actividad conceptual incesante que es necesaria para mantener el mundo activo. ¿Quién puede negar que sólo esto ya es de gran beneficio para tu vida?

"Experimentando el cuerpo entero", puede tener dos interpretaciones. Asanga aconsejaba ser consciente de *todo el cuerpo* a la vez que inspiras y espiras, tal y como se ha explicado al principio del libro. Budagosha, en cambio, aconsejaba seguir *el cuerpo entero de la respiración.* Estás atento a todo el proceso de la inspiración y la espiración hasta su final, plenamente consciente y en un fluido ininterrumpido. Son métodos ligeramente diferentes. Usa el que más te convenga porque los dos sirven.

Empiezas siendo consciente de la respiración larga, corta, y de este modo profundizas siguiendo todo el proceso sin distracción hasta que entras en un fluido continuado, pacífico y tranquilo. Vas de burdo a sutil, calmando más y más, sin perder la estabilidad y la claridad. En la última etapa, el fluido se vuelve suave. Así, desde la nariz hasta el abdomen, sin interrupciones, la tercera fase.

En la cuarta fase, al estar atento a la respiración, inspiras "aliviando el cuerpo, espiras calmando el cuerpo". Aquí, en realidad, se refiere a un estado muy refinado de equilibrio y serenidad silenciosa. La respiración es muy sutil, el sistema nervioso se calma y desaparece la inquietud y, en su lugar, aparece un equilibrio pacífico y energético.

En ocasiones se habla de la atención en el deporte profesional u otras profesiones, pilotos de coches de Fórmula I, controladores aéreos, músicos y otros. Los músicos han de estar muy enfocados en el escenario y usan una atención impulsada por cierto nivel de tensión física y mental. Suelen acabar la actuación agotados, aunque eufóricos. Su atención requiere fuerza y tensión, pero estas dos no se requieren para desarrollar samatha.

Muchos meditadores occidentales entran en la práctica con esta actitud; se tensionan tratando de concentrarse usando la fuerza. *Tensar* la mente para poder *concentrarse* es contradictorio y si te cansas en el proceso de concentrarte significa que fuerzas demasiado.

En el diagrama de las etapas de la concentración que viene en la página 108, se puede ver un gran fuego que representa el esfuerzo que se requiere al principio. A medida que disminuyen la excitación y el hundimiento, el fuego mengua hasta que, al final del proceso, ha desaparecido porque la atención es espontánea. Usa el esfuerzo, pues, de modo equilibrado, persiste sin tensión. Y este equilibrio no se aprende ni se desarrolla leyendo libros sino mediante tu propia práctica de meditación.

La práctica de anapanasati aparece también en *Los Sutras de la Perfección de la Sabiduría* donde Buda habla de las dos primeras fases con estas palabras.

Shariputra, toma la analogía de un alfarero o aprendiz de alfarero que hace girar la rueda. Si hace un giro largo, él sabe que es largo; si lo hace corto, sabe que es corto. Shariputra, de modo similar, un bodhisatva, un gran ser, atentamente inspira y atentamente espira. Si la inspiración es larga, él sabe que la inspiración es larga; si la espiración es corta, él sabe que la espiración es corta. Si la inspiración es corta, él sabe que es corta; si la espiración es corta, él sabe que es corta. De este modo, Shariputra, un bodhisatva, un gran ser, al morar con vigilancia y con atención, elimina la avaricia y se decepciona con el mundo por medio de la no objetivación, y él vive observando el cuerpo como el cuerpo, internamente.

Cuando la atención está enfocada en la respiración, se disipa el apego al mundo, a un objeto, al poder, a una persona. El apego te hace creer que todos ellos son una fuente *objetiva* de felicidad. Su función es embellecer y exagerar aquello que observa, otorgándole más cualidades de las que pueda tener. Te altera e impide que te des cuenta de que la imagen a la que te aferras viene de ti. Esta exageración viene del error fundamental de creer que la felicidad se encuentra fuera de ti.

Cuando te enfocas en la respiración dejas de "hacer" pero te das cuenta de que estás contento, lo cual te aparta de la adicción al materialismo hedonista: dejas de buscar la felicidad donde no la puedes encontrar.

Anapanasati es mera simplicidad: solo observas tu proceso respiratorio y cuando estás en la respiración, que es sublime y pacífica, descansas física y mentalmente y empiezan a aparecer estados de felicidad natural, como el bienestar y el gozo. Estos estados son muy diferentes a los que vienen, por ejemplo, de escuchar música, de ir al cine u otros. La música no es una fuente objetiva de placer y si lo fuera, cuanto más escucharas tu música preferida más felicidad sentirías.

Buda habla de eliminar el apego por medio de la "no objetivación", que hoy en día denominan "cosificación", "solidificación". "No objetivación" en el contexto de la perfección de la sabiduría, significa proyectar una esencia sustancial o inherente a las cosas. Ves algo, lo solidificas, te aferras a esa entidad y le otorgas un tipo de existencia falsa: la ves con una existencia "independiente" de causas, de tus conceptos, de tu consciencia. Te aferras a lo que percibes y concibes de modo erróneo. Como si hubiera un mundo preexistente allí afuera.

Al principio de una relación romántica, cuando empiezas a conocer a la otra persona, te sientes feliz, estás convencido de que "aquí está por fin" la fuente objetiva de tu felicidad. Olvidas todo tipo de relación dependiente. Cuando el romance ya lleva un tiempo quizás empiezas a pensar que esa persona ya no tiene tanto brillo. Y, al final, puedes concluir que es mejor apartarte de ella porque ya no te hace feliz. En definitiva, descontextualizas el objeto, le otorgas un tipo de existencia falso, lo aprehendes erróneamente y te aferras a esta realidad ficticia.

Objetivar es relacionarte con los objetos como si no dependieran de nada en absoluto. Cuando te das cuenta de que vives en un mundo que *depende* de cómo tú lo percibes y lo conceptualizas, entiendes que nadie es la fuente última de tu felicidad o infelicidad. Al separarte de la objetivación te apartas del apego. Si inviertes en las cosas de tu apego vas directo a la tragedia porque, o bien el objeto de tu apego cambiará, o tú mismo cambiarás o desaparecerás.

Buda habla de cuatro inconvenientes:

Lo que nace muere. Seres amados, enemigos, civilizaciones, cosas, tú mismo.

Los encuentros terminan en separación. El cuerpo se descompondrá, es cuestión de tiempo. Y lo abandonarás todo.

Lo que se acumula se pierde. Lo vas a perder todo, dinero, familia, amigos, bienes, la salud, la vida.

Lo que asciende, desciende. La reputación, el prestigio, las familias, las empresas, todo lo que sube, al final desciende.

La cuestión que te has de formular es la siguiente: ¿es posible ser feliz viviendo en medio de estas cuatro verdades? Sí, y el medio es el Dharma, el sendero que te capacita para cultivar felicidad genuina o un estado de serenidad en medio de estas cuatro vicisitudes.

Hedonismo, dimensión del tener, versus eudemonia, dimension del ser

¿Qué determina que algo sea una práctica auténtica de Dharma? Para entenderlo, te ayudará discernir entre dos tipos de actitudes que solemos tener las personas. Stephen Batchelor, erudito occidental, en su libro *Solo con los demás/ Un acercamiento existencial al budismo*[21], usaba los términos "tener" o "ser" para clarificar el sentido verdadero de la práctica del Dharma. Los dos términos también los usó el famoso psicólogo Erich Fromm en uno de sus libros más famosos. Otro erudito occidental, Alan Wallace, con el mismo fin, usa en sus enseñanzas dos términos propios de la filosofía griega, específicamente de Aristóteles: la felicidad *hedonista* (aunque no siempre entendida de un modo peyorativo); y una felicidad más estable, o *eudemonia*, que podríamos denominar también, felicidad natural. La primera es lo que en términos budistas tradicionales suele denominarse "felicidad mundana". En el mundo latino, a la primera la denominaban *felicitas* y a la segunda *beatitudo.* Y la máxima de algunos de sus filósofos era que solemos confundirlas porque quien vive bien no es alguien, necesariamente, que se sienta feliz o tenga eudaimon.

La persona hedonista centra su vida alrededor de la dimensión del tener, es decir, *vive del bienestar que surge de los estímulos sensoriales y del mundo visible en general.* Ver un paisaje bonito, visitar una bella ciudad, escuchar buena música, comprarse ropa bonita, una casa, un coche, degustar una buena comida, el arte, la poesía, la literatura, el placer de las amistades, un matrimonio feliz, hijos, nietos. En absoluto se puede decir que éstos sean placeres superficiales o banales. Cuando entras en contacto con estos objetos, alegran tu vida y la mejoran en muchos casos.

---

21 Publicado por Ediciones Amara

El hedonismo puede también incluir la satisfacción intelectual, literaria, científica. Otro tipo de hedonismo podría ser esa búsqueda de estimulación pensando en desgracias ajenas; solo hay que ver los programas que tienen más audiencia en las televisiones privadas. Aunque no se pueda afirmar que sean actividades pedagógicamente sanas, son muchos los que obtienen un gran placer de ello.

También podemos referirnos a un tipo de hedonismo destructivo como buscar el bienestar a través de estímulos químicos extremos: abusar del alcohol y drogas de distinta potencia.

Seamos honestos, para sentirnos bien dependemos casi exclusivamente de estímulos externos. Nuestra sociedad ha sido muy hábil en crear un medio ambiente ideal para apartarnos de nosotros mismos. Hoy en día coges un ascensor y oyes música, entretenimiento, para hacerte caer en la ilusión engañosa de que "en realidad, estamos muy bien", cuando "estar bien" consiste en *no sentirse solo y aburrido cuando exploras tu mente para saber quién eres.*

Así pues, vemos actividades hedonistas sanas, enfocadas en cosas significativas y en cosas totalmente negativas. El placer hedonista abarca todo lo que procede de los sentidos -el más simple- pero también puede proceder del intelecto, del medio ambiente, de la gente, de los negocios, de la ciencia, etc y también de cosas claramente destructivas. Lo que las une es que todas estas actividades producen estímulos agradables que perseguimos como si fueran la finalidad de nuestra existencia.

Stephen Batchelor habla de la actitud hedonista o de la dimensión del tener con estas palabras:

El tener está caracterizado por la *adquisición*. La idea que domina esta visión del mundo es que el objetivo de la existencia personal se cumple según seamos o no capaces de "amasar" y "poseer". Esta ansia por adquirir más y más se extiende hacia un amplio abanico de campos y reinos. El reino más inmediato y tangible es el de los objetos materiales. Por su solidez, tangible y poderosa, acumulamos cosas inanimadas que parecen ofrecer protección, seguridad y estatus social.

Otro reino es el de la gente: maridos, esposas, hijos, amigos y conocidos; todos ellos dispuestos en un círculo a nuestro alrededor, conectados en el centro por los hilos del apego y la posesión. Pero el alcance de la obsesión por *tener* se extiende incluso más: llega al reino abstracto del pensamiento. Podemos dividir este reino en diversos campos de conocimiento: el científico, el político, el económico, el sociológico, el histórico, el religioso, así como en los muchos otros que emergen constantemente. Cada uno de estos campos abre nuevas posibilidades para más adquisiciones.

Es sintomático de nuestra cultura orientada hacia el tener que el individuo más admirable intelectualmente sea, por lo común, quien haya almacenado mayor número de hechos y pueda rescatarlos de su memoria en el menor tiempo posible. Con frecuencia, el aprendizaje y la educación han degenerado en una mera acumulación sistemática de hechos e información. Diariamente nos enfrentamos a una cantidad desordenada de noticias que se espera sean añadidas al montón de hechos y números dormidos en nuestra memoria. El progreso ha terminado siendo la capacidad, siempre en aumento, de poder acumular objetos sin vida en cuantos más campos mejor. Con razón nos hemos denominado, "la sociedad de consumo".

Incluso nuestros propios cuerpos y mentes se observan como "cosas" que "tenemos". Se dice que la vida es el bien más preciado que *poseemos*. En consecuencia, cuerpo, mente y vida son entendidos como objetos que "yo", de un modo u otro, puedo retener o perder. Aquí, como en todos los actos del tener, se crea un abismo entre el poseedor y lo poseído. *Tener* presupone siempre un agudo y definido dualismo entre sujeto y objeto. El sujeto busca su bienestar, su razón de ser y finalidad empeñándose en adquirir y conservar objetos de los que está, inevitablemente, aislado. La máxima es: "yo soy lo que tengo" (Fromm). Como resultado, cualquier sentimiento de plenitud es siempre ilusorio, puesto que no hay nada que uno pueda *tener* que no tema poder *perder.* Vivir absorto en la dimensión horizontal del tener es el origen de todos los estados de inseguridad ontológica. Frutos de vivir como un sujeto aislado en medio de una multitud de objetos sin vida son, la ansiedad, la alienación, la soledad, el vacío y la falta de sentido. Aunque nuestro campo de implicación se pueda extender a numerosos y diversos motivos de interés y preocupación, mientras siga predominando la noción de tener, nuestro ser permanece vacío y superficial. Vagamos de un lado a otro como extraños sumidos en una "multitud solitaria".

Por otro lado, a lo largo de la historia de la humanidad, ha habido seres excepcionales, sabios como Pitágoras, Aristóteles, Buda, Patanjali, Jesús, Lao Tzu y muchos otros que han reconocido la existencia de otro tipo de felicidad más estable y real. A este tipo de felicidad, los sabios griegos de la antigüedad lo denominaban *eudemonia,* la dimensión del ser. Ellos saben bien que la felicidad hedonista es agradable y placentera, pero a la vez, *muy incierta e insegura.* Y, lo que es más, con el tiempo, conduce a niveles de malestar.

El hedonismo es muy importante porque tener una buena casa en lugar de vivir debajo de un puente, buena comida, medicina, es importante, aunque no imprescindible para tener *eudemonia.*

Un punto a tener en cuenta es que, si sigues el camino hedonista no experimentas placer hasta que logras tu deseo, mientras que la búsqueda en sí de la *eudemonia* ya produce bienestar y felicidad. En la búsqueda de la *eudemonia,* no se tiene en cuenta lo que se puede "sacar" del mundo externo sino más bien se trata de "cultivar" tu mundo interno.

En este sentido, también el término griego "filosofía", "amor a la sabiduría" se creía que conducía a este estado. Curiosamente, la filosofía budista dice lo mismo: *la felicidad no viene de lo que sacas del mundo sino de lo que cultivas en tu interior y luego aportas a él.*

La visión budista aconseja procurarse las necesidades materiales, pero solo como un *medio* para poder prestar más atención al desarrollo interior y así poder experimentar la felicidad natural. Dharma es un modo de ver la realidad que dirige a la felicidad natural. Nadie te puede robar este tipo de felicidad y bienestar; es tuya. En cambio, todo lo que obtienes del mundo, lo puedes perder.

En palabras de Aristóteles la *eudemonia* "ocurre cuando el espíritu está en armonía con la virtud". Afirmaba que el hombre "cree" alcanzar la felicidad mediante 1) las riquezas, 2) los honores, 3) la fama, y 3) el placer. Sostenía que la verdadera felicidad no se alcanza mediante ninguno de los cuatro caminos mencionados, sino mediante la práctica de la virtud. Es curioso que, en este aspecto, un principio general de la filosofía budista sostiene que una de las razones principales del malestar de las personas ocurre porque no estamos en armonía con la realidad.

Hay una distinción entre la felicidad hedonista, la que te hace caer en la dimensión del tener, y la felicidad natural o *eudemonia,* que te dirige a la del ser. La primera surge cada vez que te encuentras con estímulos a los que te aferras y con los que te obsesionas; la segunda, la dimensión del ser, en cambio no va de cosas que tratas de conseguir, *sino de estados interiores que procuras manifestar.*

Así pues, es muy fácil caer en la trampa de acercarse al Dharma desde la dimensión del tener, del hedonismo, como si se tratase de otro "entretenimiento", otra "novedad", otra "cosa" que consumir. Tu supuesta práctica de Dharma estaría basada en la misma actitud con la que te acercas a las cosas; lo convertirías en otro objeto de consumo en lugar de un vehículo de transformación interior.

Observas con detenimiento ese objeto nuevo, el Dharma, y te preguntas: "¿Cuánta felicidad me puede dar?" Dharma es un campo de conocimiento amplio y tiene muchas cosas con las que entretenerse: "Los cinco senderos, las tres etapas del camino, las nueve etapas de la concentración, los doce vínculos, tantras distintos, fuego interno, gozo, vacío, tradiciones distintas". "¿Caramba, cuántas cosas puedo conseguir y "tener" aquí?"

Es decir, el Dharma te da la posibilidad de ser más hedonista que usando todos los objetos propios del hedonismo explicados antes. No en balde Chogyam Trungpa nos advertía para no caer en la trampa de lo que él denominaba el "materialismo espiritual".

Un acercamiento hedonista al Dharma es más de lo mismo: consumes más lectura, vas de una escuela a otra sin conocer sus características esenciales, de un tipo de enseñanza a otra; de un Maestro a otro. "Oh este Maestro es muy místico", o "este siempre se ríe". Pero la novedad pasará hasta que terminarás diciendo: "¡Otra vez! Esto ya lo he escuchado, este o aquel Maestro explica otras cosas más divertidas".

Y así hasta que te empiezas a aburrir de consumir. Estás convencido de que ya sabes lo suficiente y empiezas a pensar "quizás encuentre algo nuevo en el sufismo". Transformas el Dharma en un mero ir de shopping, de tienda en tienda...

Nunca se habían reunido tantas grandes tradiciones de meditación y espirituales como hoy en occidente. Aunque esto resulta una gran bendición también puede resultar un peligro y un gran obstáculo para una práctica estable, sostenida, concentrada y que resulte eficaz.

En ningún lugar he escuchado o leído que la auténtica práctica de Dharma consista en *acumular* más y más iniciaciones y enseñanzas más bien te animan a soltar el aferramiento, la inquietud, las aflicciones. En anapanasati incluso se anima a *soltar el tratar de controlar la respiración.*

En lugar de pensar que la felicidad está en acumular más iniciaciones, enseñanzas y escuelas, explora tu mente con la ayuda de la enseñanza. No he escuchado a ningún lama decir que la Iluminación se obtenga coleccionando y acumulando lamas y enseñanzas diversas con esta voraz actitud consumista. ¿No sería más eficaz, poner en práctica algunas de esta ingente cantidad de enseñanzas y persistir en ella hasta experimentar alguna experiencia espiritual?

Sentarse a meditar en la respiración te envía un mensaje simple: *abandona esta búsqueda, simplemente sé, mantente cómodo en tu cuerpo, en el presente.*

El lector no debería pensar que el budismo sostiene que sea "negativo" o "malo" implicarse en las cosas bellas que puede aportarnos la cultura, la literatura, la música, las cosas, la ciencia, los avances tecnológicos. Es bueno experimentar los que son buenos y apartarse de los que son nocivos, la cuestión radica en que por mucho que experimentes los buenos no te dará la felicidad natural que buscas.

Para entenderlo puedes formularte varias preguntas: "¿Es posible encontrar una felicidad duradera en los lugares donde la buscas?, ¿tiene mi felicidad siempre que depender de poseer y tener cosas y muchas libretas con los apuntes de las enseñanzas? Una prueba simple que demuestra los límites del hedonismo es que vas a morir.

El Buda se refiere a los placeres sensoriales como "bajos, vulgares, burdos, innobles y perjudiciales". Porque nunca te pueden proporcionar lo que buscas, solo breves instantes de placer, te engañan. Si los usas con este reconocimiento, *sin aferramiento*, sin confundir la realidad, no te engañarán, sabes que todos son pasajeros y nunca el fin último de tu existencia. Después los disfrutarás más porque tu mente no está envenenada por expectativas irrealistas y desde tu perspectiva no serán "bajos, vulgares, etc".

Busca la felicidad natural que surge del cultivo de la mente; no solo de *reunir y capturar* cosas para llevarte a casa, sino de *cultivar cualidades internas* basadas en la ética para así entrar en la búsqueda del conocimiento interno. Y, en este sentido, el Dharma es el vehículo que te puede trasladar desde el hedonismo ciego a la eudemonia sabia. Stephen Batchelor en *Solo con los Demás* comenta:

Lo que hoy es necesario enfatizar es que la consciencia espiritual no puede convertirse en otra variante de la dimensión horizontal del *tener*, sino en un despertar a la presencia de la dimensión vertical del *ser*. Como tal, su principio debe residir en la reordenación radical de toda la existencia personal. Al descubrir la dimensión del ser, el objetivo y sentido de la vida se ve dentro del marco de un grupo de valores enteramente nuevos, siendo el principal que: *en vez de vivir para* tener *de un modo más abundante, es necesario vivir para* ser *de un modo más abundante*. La espiritualidad no se debería considerar una "opción extra" en la vida, que a voluntad podemos adoptar o apartar. En su sentido verdadero, la espiritualidad, la consciencia religiosa, es el resultado de la vida misma. No es algo que adoptemos además de otros asuntos, y que dejemos aparcado en una sección especial de la mente. Cuando está firmemente enraizada en la dimensión del ser, toda nuestra vida se vuelve espiritual.

Una vez Iluminado el Buda señaló:

Bikkhus, hay dos extremos que no deberían ser cultivados por el practicante. ¿Cuáles son? Está la devoción por la búsqueda del placer que proviene de los deseos sensoriales, que es bajo, vulgar, innoble y perjudicial; y está la devoción por la auto-mortificación, que es bajo, vulgar, innoble y perjudicial. El Camino Medio descubierto por el Iluminado evita los dos extremos; da visión, da conocimiento y dirige a la paz, al conocimiento directo, a la Iluminación, al Nibbana. ¿Y cuál es ese Camino Medio? Es el Noble Sendero Óctuplo: visión correcta, intención correcta, palabra correcta, acción correcta, forma de vida correcta, esfuerzo correcto, atención correcta, y concentración correcta. Ese es el Camino Medio descubierto por el Iluminado, que da visión, da conocimiento, y dirige a la paz, al conocimiento directo, a la Iluminación, al Nibbana.

Mahavagga

¿Es el Dharma una religión? Podrías decir que Dharma, en un sentido, es una religión, pero también es filosofía. Los antiguos griegos, gente como Sócrates, Platón o Aristóteles enseñaban y practicaban *eudemonia*. En este sentido Dharma es una filosofía. Hoy en día hay psicólogos que se cuestionan cosas como "¿qué es la salud mental, ¿qué es la felicidad?, ¿podríamos considerar que no tener problemas psicológicos graves sería el pináculo de la existencia humana?, ¿se puede progresar a partir de allí? O ¿nos tenemos que contentar tan solo con no tener problemas psicológicos?". El propósito del Dharma budista, sin duda alguna es ayudarnos a cultivar esa felicidad natural, en consecuencia, Dharma también es un sistema de psicología aplicada. Lama Yeshe solía decir que usáramos el Dharma para ser nuestro propio psicólogo.

La finalidad de todas las religiones, al menos originalmente, era proporcionar una felicidad más estable a la gente. Esta felicidad natural es patrimonio de todos y nadie tiene su propiedad.

Desarrollo de Samatha

Preliminares para desarrollar samatha

En los textos de Lam Rim se encuentra una sección en el capítulo de samatha denominada, "las condiciones necesarias para alcanzar samatha". Consta de seis partes:

1. Encontrar un lugar adecuado
2. Tener pocos deseos
3. Sentirse satisfecho o contentarse
4. Evitar actividades que causen distracción
5. Mantener una disciplina ética
6. Evitar pensamientos que causen distracciones

Estos seis requisitos facilitan el desarrollo de mindfulness y la concentración de samatha y son tan importantes que los textos clásicos señalan, enfáticamente, que sin conseguirlos resultaría muy difícil lograrlo. De los seis, el primero, el segundo y el quinto son vitales.

Samatha se logra después de un adiestramiento constante; este estado de concentración unipuntualizada viene acompañado de una profunda sensación de gozo físico y mental además de una flexibilidad física y mental que facilitan una meditación efectiva.

Como ya se ha dicho, el propósito final de desarrollar esta mente tan poderosa es practicar vipasana, (Tib: *lak tong*). Vipasana es un tipo de sabiduría que penetra en la realidad; se cultiva con un análisis discernidor *desde* el recipiente de una mente estabilizada. Vipasana es la clave de la liberación, pero depende de samatha. Si solo te contentas con el desarrollo de samatha, las aflicciones no podrán ser erradicadas por mucha paz y serenidad que logres. Si unes los dos, el progreso es rápido.

Para avalar la importancia de los dos aspectos Lama Tsongkhapa ofrece esta cita de *Las Etapas de la Meditación* de

Kamalashila:

> Cultivar solo samatha no libera al practicante de
> Los oscurecimientos; solo suprime
> temporalmente las aflicciones.
> A menos que tengas la luz de la sabiduría
> no destruirás las tendencias latentes.

La meditación tiene dos componentes esenciales: la mente como sujeto y el objeto que, en este caso será tu proceso respiratorio, anapanasati. Antes de empezar una práctica seria es preciso conocer los cinco problemas y las ocho soluciones que Buda explicó hace dos mil quinientos años y que vienen a continuación.

Cinco problema y ocho soluciones
Primer problema y su solución

Primer problema: *la pereza*

La pereza aquí significa no querer meditar, no ver valor alguno en hacerlo, desanimarte cuando encuentras obstáculos en tu meditación. Es el peor de los obstáculos y, para contrarrestarlo, hay cuatro soluciones que debes cultivar:

1. Fe o confianza
2. Aspiración de conseguir samatha
3. Esfuerzo, entusiasmo
4. Flexibilidad

Fe o confianza
Se refiere a tener confianza en las buenas cualidades de la concentración. La confianza, la aspiración o el entusiasmo no eliminan directamente la pereza, pero son imprescindibles para que la flexibilidad lo pueda hacer. Todo el mundo tiene un nivel de concentración. La confianza en el poder de la concentración, no se refiere a la fe tal y como la solemos entender sino más bien tiene el sentido de *comprender sus buenas cualidades y desear conseguirlas.* Es como la admiración que surge en ti cuando conoces las cualidades de algo o alguien.

La flexibilidad elimina directamente la pereza, pero aquella surge del esfuerzo, el cual se manifiesta gracias a la aspiración que ha producido tu confianza.

Escucha, lee y reflexiona en los muchos beneficios de meditar. Gracias a la meditación podrás descubrir cosas de ti insospechadas: relajación, estabilidad, claridad, la naturaleza de la mente, la transitoriedad, el amor, la compasión, la verdadera naturaleza del yo.

La concentración te permite atravesar los cinco senderos,

ver la vacuidad directamente, eliminar tu ignorancia, tus aflicciones y la insatisfacción de un modo definitivo.

El sendero de acumulación es acumular energía positiva, purificar, estudiar y meditar en el Lam Rim, etc, el simple reconocimiento de los límites de colocar la búsqueda materialista en el centro de tu vida.

El sendero de preparación es tener una comprensión intelectual precisa del vacío. El único medio para ir de un sendero al otro es estar sentado en meditación. El sendero de la visión te permite experimentar el vacío de modo directo y no conceptual y, al salir de esta meditación, entiendes directamente las cuatro nobles verdades. Hasta entonces solo podrás refrenar aflicciones, pero no desenraizarlas, cosa que se logra con la consecución del cuarto, el sendero de la meditación, en el que persistes en la observación directa el vacío hasta eliminar el rastro de cualquier klesha.

La pereza es retrasar, posponer el momento de empezar una práctica seria. Solo sería correcto posponer si pudieras sobornar a la muerte. Es una pena que no entiendas lo bueno que es para ti meditar, en caso contrario no dejarías de practicarla ni un solo día.

Hay tres tipos de pereza: 1) La pereza de posponer, 2) La pereza de la atracción hacia las actividades insignificantes, 3) La pereza del desánimo. Shantideva en el capítulo séptimo del *Bodhisatvacaryavatara* señala:

La pereza me domina porque su sabor agradable me produce apego, porque estoy ansioso por dormir y porque no me decepcionan las miserias de la existencia cíclica.

Y

Atrapado por el yugo de los engaños he caído en el cepo del nacimiento ¿por qué no me doy cuenta de que vivo en la boca del Señor de la Muerte?

La aspiración de conseguir samatha.
Una vez entiendes las buenas cualidades de la concentración querrás sacar lo máximo de ella. Recuerda: Si no desarrollas samatha, quedarás atrapado dónde estás, todo lo que tienes lo perderás, las cosas bellas, tu familia, tus bienes, tu conocimiento. ¿Te gustaría llegar a una posición en que ya no te ocurre más? Esto debería ser suficiente para despertar interés en desarrollar la concentración.

No puedes ver la vacuidad sin tener el microscopio de samatha y, si no meditas habitualmente, nunca la verás. La salud mengua, la juventud pasa rápido, todos envejecemos y es más difícil sentarse a meditar cuando entras en la vejez, a no ser que ya estés acostumbrado. *La Guía a la Forma del Bodhisatva* señala:

> Entendiendo que los engaños son eliminados por
> La visión superior dotada de permanencia apacible,
> Buscaré primero la permanencia apacible.

Esfuerzo, entusiasmo
Tener en cuenta la transitoriedad de las cosas te ayuda a desear meditar. Los tibetanos hablan de *sufrimiento para conseguir cosas, sufrimiento para mantenerlas y sufrimiento al perderlas.* No hay prácticamente ninguna excusa para decir: "Oh, hoy no medito".

La definición del esfuerzo es: "sentir deleite y alegría cuando te implicas en actividades virtuosas". Aquí podría significar, levantarse por la mañana antes de ir al trabajo y sentarse a meditar. La confianza crea la aspiración y ésta desemboca en esfuerzo. Primero ves las buenas cualidades, a continuación, quieres obtenerlas, y después, te pones manos a la obra.

Shantideva en el capítulo del esfuerzo, en *La Guía a la forma de vida del bodhisatva* señala:

> Cuando aún no se ha empezado la tarea, cuando se está
> Realizando o cuando está casi terminada, el Señor de la
> Muerte puede aparecer de repente y sin avisar.
> Entonces exclamaré ¡Oh ahora es mi turno!

Y en el mismo capítulo nos anima:

> No he de dejarme vencer por el desánimo con
> Pensamientos como ¿será posible Iluminarme?
> Los Tathagatas dicen siempre la verdad
> Y así lo han confirmado.
>
> Si aplican el debido esfuerzo, incluso las moscas,
> Mosquitos y las abejas y demás insectos obtendrán
> La insuperable Iluminación.
>
> Por tanto, si no dejo de lado la forma de vida del
> Bodhisatva ¿por qué un ser humano como yo que
> Distingue lo que es perjudicial y beneficioso
> No podría obtener el Despertar?

Flexibilidad

Aunque a veces se traduce como "agilidad" no se trata de un estado físico sino de un tipo de flexibilidad que se despliega en tu interior a medida que tu concentración aumenta. Llega un punto en que no necesitas esfuerzo para sentarte, se vuelve parte de tu vida.

Gueshe Tamding Gyatso define a la flexibilidad así: "un factor mental que interrumpe cualquier rigidez física o mental y que posibilita el implicarse con un objeto virtuoso. Su función es actuar como base para desarrollar cualquier tipo de meditación"[22].

Una vez se alcanza la novena etapa en el desarrollo de samatha, un prana muy beneficioso fluye desde el chakra de la coronilla y su movimiento produce flexibilidad mental, liberándote de incomodidad. Este prana o aire sutil que ha producido la

22 Ver su libro *Tu Naturaleza Interior/La Mente y sus funciones*

flexibilidad mental fluye después por todo el cuerpo de modo que induce una flexibilidad física haciendo que el cuerpo se vuelva ágil, flexible. Encuentras muy fácil meditar porque se ha eliminado cualquier sentido de incomodidad y pesadez en el cuerpo.

En dependencia de estos dos tipos de flexibilidad aparece un inmenso gozo físico y mental. Aunque se traduce como "flexibilidad", (tib: *shinjang*) no hay una palabra apropiada en castellano. La flexibilidad es la *solución directa y definitiva* a la pereza. Los tres factores precedentes ayudan a conseguirla.

Segundo Problema y su Solución

El segundo problema es una mente distraída. *Olvidar las instrucciones.* Cuando estás sentado meditando, pierdes el objeto de meditación, dejas de meditar sin darte cuenta de ello. Es preciso *experimentarlo en meditación* para conocerlo.

Solución. *La atención*
La atención es un factor mental que, al olvidar el objeto de tu meditación, rápidamente lo vuelve a recuperar, a recordarlo. Es un factor mental que te permite no olvidar el objeto porque estás acostumbrado a él. Debido a que regresas una y otra vez hay menos posibilidad de olvidarlo. Gracias a la atención desarrollas un modo de aprehensión continuado, ininterrumpido y poderoso. Distracción significa que has olvidado el objeto de meditación: tu mente se ha ido a otra parte.

La definición de la atención que Asanga menciona en su *Compendio del Conocimiento* es así:

1. Un factor mental que se enfoca en un objeto que has experimentado antes.
2. No lo olvidas.
3. Y si lo olvidas, regresas a él.

Con mindfulness o atención mantienes la memoria de lo que deberías hacer. Tiene tres características: el objeto al que prestas atención te resulta familiar; no se puede desarrollar atención hacia algo que aún no conoces. Atención, *sati* en sánscrito, o *drempa* en tibetano, a veces es traducido como "recordar". Cuando la atención "no olvida", significa que sostienes el objeto de meditación con claridad y sin distracción. La atención es el elemento primordial cuando quieres desarrollar samatha o concentración unipuntualizada.

Tercer Problema y su Solución

Para desarrollar samatha o shiné se requieren dos cualidades: estabilidad -continuidad de la atención- y claridad mental. La continuidad de la atención es la fuerza que te ayuda a mantener una estabilidad mental no discursiva con respecto a su objeto. La claridad, en este contexto, se refiere a una consciencia precisa y lúcida con respecto a su objeto.

El obstáculo que impide la claridad es el hundimiento; y el obstáculo que impide la estabilidad es la excitación y la distracción. Es vital identificarlos en su forma burda y sutil. El tercer problema es *la distracción, la excitación, el hundimiento.*

La distracción es un tipo de dispersión general que aparta la mente del objeto -la respiración- porque se dirige 1) hacia un objeto virtuoso, 2) hacia algo que te desagrada.

La excitación ocurre cuando te vas a cosas como paisajes, deseo, sonidos agradables, comida, cosas, formas bellas; la mente está agitada. En el caso de la excitación burda, tu mente se distrae y se aparta por completo del objeto. En el caso de la excitación sutil puedes permanecer sobre el objeto, pero de modo sutil, te mueves hacia otras cosas.

Gueshe Tamding Gyatso define la excitación de este modo:

Un factor mental engañoso que impide que la mente permanezca sobre un objeto virtuoso. Se implica con objetos atractivos que ha visto o experimentado, intranquiliza la mente y nos aparta del objeto de meditación.

En lo que respecta al hundimiento, sientes la mente espesa, lenta; podrías estar sobre la respiración, sin perderla, pero, o la mente no está clara o no hay firmeza suficiente en el modo en que sostienes la atención. Es el gran enemigo de la meditación.

Una buena práctica de samatha ocurre cuando eres capaz de permanecer continuadamente sobre el objeto con claridad perfecta.

Hay un hundimiento burdo y uno de sutil. En el hundimiento burdo sostienes el objeto de meditación, pero pierdes la claridad; la mente está sobre el objeto, pero es como si hubiera un velo entre ella y él. En su forma sutil, sostienes el objeto de tu meditación -la respiración- con atención y claridad, pero te falta intensidad en el modo en que sostienes la atención.

Una buena meditación requiere claridad -que el objeto de meditación aparezca claramente- y lucidez -se refiere al sujeto, a la mente que observa. La intensidad de la atención debe ser fresca, flexible y no fofa. En el hundimiento sutil, el aspecto de la lucidez mental es débil.

Lama Tsongkhapa señala que el término "claridad" se puede dividir en dos: "lucidez" desde el lado del sujeto, y "claridad" en el modo en que aparece el objeto. Al principio, la lucidez es lo más importante, por ello procura que la mente esté fresca, energética; si esto falla has caído en el hundimiento sutil. El modo de sostener la atención debe ser firme en todo momento, pero sin tensión alguna.

Puedes compararlo a sostener una taza de té. Si cuando la sostienes, aflojas la firmeza con que lo haces, el té se derramará por todas partes. Tienes claridad hacia el objeto, estabilidad, atención porque ves bien la taza, pero la intensidad con que la sostienes se afloja ligeramente; el modo en que sostienes la atención y la claridad es fofo.

El hundimiento sutil es peligroso porque la estabilidad y la claridad te hacen sentir que lo haces bien, pero si no hay intensidad, la atención no va a desarrollarse hasta la concentración perfecta.

El gran Sakya Pandita nos advirtió hace unos mil años acerca de la meditación mal practicada:

> La mayoría de los estúpidos que meditan en el mahamudra
> Están creando las causas para volverse un animal.

La solución. *La Vigilancia.*
La vigilancia es la encargada de observar y gestionar si aparece alguno de estos problemas. Si no haces nada tras identificarlos caerías en la falta de no emprender la acción.

Shantideva en su *Guía* señala:

> La característica definitoria de la vigilancia de manera resumida es esta: examinar una y otra vez las acciones de cuerpo y mente.

Si hay hundimiento, el objeto se oscurece, o pierdes la lucidez de tu mente completamente, a pesar de tener la atención estable. Especial cuidado con el hundimiento sutil ya que tienes *claridad*, *estabilidad* sobre el objeto, pero la frescura de la mente no tiene fuerza, *falta intensidad.*

Cuando te veas asaltado por el hundimiento sutil *sostén* el objeto *más intensamente.* Pero vigila: si la intensidad con la que sostienes es excesiva provocará excitación y distracción, en consecuencia, será preciso aflojar un poco, lo justo, solo para no caer de nuevo en el hundimiento sutil. Como las cuerdas de un laúd: debe estar bien afinado, si tensas demasiado las cuerdas se rompen y si no aprietas lo suficiente, no podrá sonar bien. Has de aprender a ajustar el esfuerzo con que sostienes el objeto de meditación para que no sea ni demasiado intenso ni demasiado flojo. Muchos textos clásicos señalan que describir el equilibrio apropiado entre estos dos extremos es difícil, y que *uno lo sabrá si se sienta a meditar habitualmente.*

El hundimiento parece ser tu amigo cuando no lo es.

Para que regrese la intensidad y la claridad debes *reforzar* tu atención con la firmeza justa en el objeto de meditación.

La falta de confianza o un estado bajo y desanimado causan también la pérdida de la claridad y la intensidad, de modo que debes animarte a ti mismo. Ayuda a ello reflexionar en el perfecto renacimiento humano, pensar en lo afortunado que eres, estás sano, tienes acceso al Dharma; o en la naturaleza de buda en tu interior -sugatagarbha-. Una vez levantado el ánimo regresa al objeto de concentración.

Lo que nos atacará más en las primeras tres etapas es la excitación y la distracción.

Cuarto Problema y su Solución

Cuarto problema: *No emprender la acción.*
Si no aplicas antídotos cuando aparecen la excitación o el hundimiento caes en esta falta. Evita que la meditación se transforme en "soñar despiertos".

Solución: *Aplicar el antídoto*
La vigilancia detecta el problema y se pone manos a la obra para solucionarlo.

Quinto Problema y su Solución

Quinto problema: *Actuar cuando no es necesario.*
Al principio de la práctica no es un gran problema, sí lo es en la etapa octava o novena cuando ya no es necesario.

Solución. *No hacer nada.*
Es decir, cuando todo está ajustado, no hagas nada, suelta, déjate ir. No obstante, este consejo se debe aplicar con sabiduría. Oímos a veces afirmaciones como "no forzar", "relájate", "déjate ir", "deja que todo ocurra, con naturalidad", "medita sin meditar" pero las has de aplicar cuando es el momento preciso. Si las aplicas cuando aún no has desarrollado un buen nivel de atención y vigilancia entonces es una visión errónea y saboteará tu meditación.

Solo "te dejas ir" cuando la atención está ajustada, sin distracción ni hundimiento. Dejarse ir en este punto es muy diferente que hacerlo cuando estás distraído o hundido.

Una Explicación General de las Nueve Etapas de Samatha

A partir de aquí es bueno aprender lo que ocurre en cada etapa en nuestro desarrollo de samatha, tal y como viene explicado a continuación.

Atravesar las etapas para conseguir samatha es la base para acceder a una sanidad mental extraordinaria y tener un fundamento estable para practicar vipasana, Lam Rim, el estado de generación y de consumación del Tantra. Lama Tsongkhapa en el *Lam Rim Chenmo* da una explicación muy detallada de samatha y, después de ella, presenta vipasana. En su *Ngag Rim Chenmo, Gran Exposición de las Etapas del Mantrayana*, explica también en primer lugar samatha. Es extraño que Lama Tsongkhapa y grandes lamas de todas las tradiciones, te digan que samatha es indispensable y que pocos estudiantes la enfaticen en su práctica.

Lama Tsongkhapa en su *Lam Rim Medio* presenta una detallada exposición del desarrollo de mindfulness con el fin de despertar samatha; de los obstáculos que impiden su desarrollo, y de cómo eliminarlos. Constituye una síntesis de las experiencias verificadas por yoguis a lo largo de los siglos.

Usaremos como guía el diagrama tradicional (página 108) que muestra cómo se despliegan las nueve etapas que preceden al logro de shiné. Este diagrama lo popularizó el venerable Gueshe Rabten (1921-1986) y Su Santidad Triyang Rimpoché, (1901-1981) uno de los dos tutores del actual Dalai Lama.

Una vez has reunido todas las condiciones necesarias puedes empezar a atravesar las nueve etapas. Las voy a presentar usando *anapanasati* como ejemplo, aunque estas instrucciones se podrían aplicar a cualquier otro objeto que elijas para meditar -el amor, una deidad tántrica, el vacío, dejar la mente en su estado natural, vipasana.

En la parte baja del diagrama hay un *elefante salvaje,* un animal muy poderoso y beneficioso si es domado, pero destructivo si lo dejas en su estado salvaje. Representa tu mente que, en su estado actual, puede resultar peligrosa para ti y los demás, ya que en muchas ocasiones cae presa de las aflicciones mentales o kleshas las cuales dejan profundas huellas kármicas negativas. Cuando un elefante se desplaza, sus huellas son profundas y perdurables y simbolizan la fuerza destructiva de todas las aflicciones. No obstante, como en el caso del elefante, si tu mente se doma y adiestra con la sabiduría del Dharma, se vuelve una fuerza muy beneficiosa y da lugar a una paz interior muy especial. Es lógico porque si en tu vida cotidiana fluyen con menor intensidad el apego, la envidia, la ira, la ignorancia, la competitividad, el orgullo y demás, de manera natural te sentirás más feliz y contento.

Así pues, cuando mires al elefante en el diagrama recuerda que estás mirando a tu propia mente controlada por las seis aflicciones raíz[23] y las veinte secundarias. Recuerda también que, al no ser éstas parte intrínseca de la mente, es posible hacerlas desvanecer por completo.

En el diagrama aparecen cinco sustancias que representan los cinco objetos de los sentidos que te seducen:

1. *Un espejo*, simboliza los objetos de la vista.
2. *Unos platillos*, simbolizan los objetos de la escucha.
3. *Un perfume*, simboliza los objetos del olfato.
4. *Una fruta,* simboliza los objetos del sentido del gusto.
5. *Una tela preciosa*, simboliza los objetos del tacto.

Estos son los cinco objetos de apego que interrumpen tu meditación y que te hacen perder vanamente tu vida porque estás convencido de que estar cerca o lejos de ellos significa

23 Ver *Estudio de la Mente* de Gueshe Tashi y *Tu Naturaleza Interior* de Gueshe Tamding Gyatso.

ser más feliz o más desgraciado. Unos estamos apegados a las formas, otros a los sonidos, pero en general estamos apegados a una mezcla de todos ellos. Gueshe Potowa (1027-1105) lo explicó en uno de sus textos:

Un pescador pone carne en su anzuelo y lo lanza al mar. Puesto que los peces sienten una gran atracción por la carne fresca, se acercan y el anzuelo se clava en sus gargantas. Una vez en tierra, mueren. El apego al sabor es la desgracia de los peces. De modo similar, nuestra lengua busca sabores y atrapados por el anzuelo de las aflicciones nos freímos en la cazuela de los renacimientos dolorosos.

La polilla considera la luz de una vela como una mansión celestial y, deleitada, vuela hacia ella y cae en la mantequilla caliente. La desgracia de la polilla es el apego a las apariencias, las formas. De modo similar consideramos como agradables apariencias cuya naturaleza es dolorosa; caemos en el océano de la existencia cíclica y ardemos en los fuegos de los renacimientos inferiores.

A un elefante le gusta que le rasquen el cuerpo, tanto que se queda inmóvil. Después, un gancho de hierro le atrapa por su coronilla y el domador le puede dirigir donde desee. El apego al tacto es la desgracia del elefante. De modo similar nosotros disfrutamos del contacto físico y nos vemos atrapados por el gancho del sufrimiento.

La mosca disfruta con los malos olores, en consecuencia, se acerca hasta el estanque apestoso solo para ser cazada por algún pájaro. El apego al olor es la desgracia de la mosca. Similarmente nosotros sobrevolamos alrededor del olor de los placeres sensoriales solo para caer en medio de las aflicciones y así se nos llevan los demonios.

Los cazadores solían cazar a los ciervos con la música que provenía de flautas. A los ciervos les encantan los sonidos agradables y, al acercarse a ellos, los cazadores les disparan flechas y los matan. La desgracia de los ciervos es el apego al sonido. De modo similar corremos tras la fama y nos vemos asesinados por los cazadores del apego y la ira.

El gran erudito y yogui budista, Vasubandhu decía:

El sonido es la perdición del ciervo;
Para el elefante es el tacto.
Las formas, son la perdición de la polilla.
Para los peces es el sabor.
Y la mosca se siente atraída por los olores.
Para todos, una de ellas es la causa de su perdición.
Entre los humanos, cada individuo, día y noche,
Está constantemente destruido por los cinco
¿Cómo pueden ser felices?

En el diagrama hay un monje que corre detrás del elefante con un gancho y una cuerda; representas tú, el meditador. Tu atención es la *cuerda* con la que atas la mente al objeto de meditación -tu proceso respiratorio- que representa la *estaca.*

Junto con la atención se desarrolla otro factor mental imprescindible para meditar, la "vigilancia". Es un espía interior que gestiona y monitoriza el estado de tu mente. Viene representada por un *gancho metálico* que el monje en el diagrama sostiene en la otra mano. Su función es dirigir al elefante por el buen camino: *estar sobre la respiración.* Vigilar que la mente-elefante no divague de un lado u a otro por culpa de la excitación, la distracción o el hundimiento. Poner en práctica estas instrucciones empieza a domar tu mente.

Un mono no sabe estar quieto, como nuestra mente que siempre se va hacia los cinco objetos del deseo. Que el monje esté detrás del elefante dirigido por el mono y que no le hagan caso ilustra que, al principio, no tienes control alguno de tu mente. La excitación y la distracción vienen representadas por el mono que dirige los pasos del elefante; el color negruzco del elefante representa el hundimiento..

Sin desarrollar la atención y la vigilancia no es posible desarrollar concentración. Medita y aprende a conocer estos dos factores según tu propia experiencia. En la vida cotidiana también se utilizan: la atención fija la mente sobre lo que debes hacer, y la vigilancia analiza si lo que haces es lo que quieres hacer. Las enseñanzas señalan que sin estos dos factores serías incapaz de hacerte un té, de conducir, o de usar tu ordenador.

A lo largo del camino ondulante y ascendente en el diagrama se puede ver un fuego cuyas flamas decrecen progresivamente. Representa el *poder del esfuerzo.* Pretender desarrollar atención y concentración sin aplicar un nivel sostenido de esfuerzo es difícil, especialmente al principio.

En otros diagramas se puede ver un mono encima de un árbol cogiendo sus frutos; te recuerda que, una vez estás atento a la respiración, no deberías irte a ninguna otra cosa, virtuosa o negativa. Pensar o meditar en el amor, la compasión, es excelente pero no lo es cuando estás prestando atención a la respiración. Fuera de la meditación, por supuesto, te has de esforzar en desarrollar virtudes como las dos mencionadas.

Quien practica permanencia apacible debe evitar agotarse y, por ello, al principio, las sesiones deben ser cortas. Si fuerzas la atención, la mente se agotará y te resultará más difícil atarla al objeto. Has de usar sabiduría en todo momento.

Primera etapa:
Emplazar la mente sobre el objeto

Mantenerse en la respiración puede no resultar tan fácil pero *sí* lo es colocarse allí un instante. Cuando eres capaz de dirigir la atención a la sensación que produce la respiración al entrar y salir, en la nariz o en el abdomen, y te estableces allí, aunque solo sea *un segundo* ya te encuentras en la primera etapa.

Para lograr esta etapa es preciso escuchar explicaciones de tu maestro con respecto al objeto de meditación. Después podrás colocar la mente brevemente sobre él gracias al *poder de escuchar.*

Al principio notas que la atención no tiene continuidad, llegas al objeto y lo pierdes. Piensas que eres el peor de la clase... que no sirves, que la meditación no es para ti, pero es así porque no conoces la situación de los demás: ¡están igual o peor que tú! Al principio, las distracciones se ven interrumpidas por *breves instantes* de atención y concentración.

Hace años se hicieron experimentos en Estados Unidos para medir el máximo espacio de tiempo que se puede estar concentrado en un objeto y concluyeron que era entre ocho o diez segundos. No es cierto, de hecho, hoy en día se sabe que no es así. La concentración y la atención son factores mentales que se pueden desarrollar hasta límites increíbles.

¿Qué tipo de desequilibrio es predominante en esta primera etapa? La *excitación burda*, representada en el diagrama por el mono, el cual obliga a la atención a desentenderse totalmente de la respiración. Aunque externamente puede parecer que estás meditando, estás divagando. En las dos primeras etapas una indicación de que meditas bien es *notar* lo turbulenta que es tu mente.

En esta etapa es normal pensar que tu mente está peor de lo que estaba antes de meditar porque detectas una excesiva proliferación de pensamientos. Tienes la sensación de que tu mente es como un caballo desbocado. Es de esperar, pues, que la mayor parte del tiempo aparezca la distracción, la excitación, y que solo *durante breves instantes* seas capaz de enfocarte en la respiración.

En veinticuatro minutos de meditación puedes pasar por decenas de idas y venidas entre la respiración y objetos hacia los que te dispersas. Tienes la impresión de que un objeto es reemplazado por otro cuando, en realidad, *es tu mente la que se va de uno a otro.* No debes desanimarte si pierdes la atención, siempre y cuando vuelvas a recuperarla. Pasar por esta etapa es positivo porque, *por primera vez* te das cuenta del estado real de tu mente.

En la vida cotidiana tienes la falsa impresión de que la mente no está muy agitada, pero así te lo parece porque al estar centrado en los objetos de los sentidos no te das cuenta de tu propio caos interno.

La respiración no es un objeto fijo sino un proceso fluido, como sentarse en la playa y observar las olas. A veces la respiración es larga, a veces es corta, irregular, pero si le prestas atención te das cuenta de que el sistema nervioso se afloja, experimentando al instante una relajación profunda.

Si tienes dificultades en estar absorto en un solo punto, en el abdomen o en la punta de los orificios nasales, quizás puedes probar de contar el proceso respiratorio hasta diez. Inspiras, espiras, y mentalmente cuentas uno; vuelves a inspirar y espirar, dos, y así hasta diez.

Un elemento único de anapanasati es que cuanto más se estabiliza la atención, más sutil se vuelve la respiración y más se refuerza la calma y la atención. En cambio, si usas como objeto de meditación un concepto o una deidad, cuanto más atento estás, *más claro se vuelve el objeto.*

El enemigo principal en la primera etapa pues es la excitación; otro enemigo que suele pasar un poco desapercibido es la pesadez física y mental que te conduce al adormecimiento. No deberías confundir la pesadez con el hundimiento ya que éste solo aparece cuando la atención se ha desarrollado ligeramente.

Imagen en el diagrama
Un mono no sabe estar quieto, siempre encuentra algo que le resulta más atractivo de lo que hacía unos instantes antes. Por ello, representa la excitación y la distracción general. Su color negro representa el hundimiento. El mono conduce al elefante oscuro.

Que el monje esté a cierta distancia del elefante y del mono, como si los estuviera persiguiendo, ilustra el poco control que tienes sobre tu propia mente. Devolver la mente una y otra vez al objeto te permite entrar en la segunda etapa.

Segunda etapa:
Emplazar la mente con atención continuada

Si mantienes una práctica regular llegas a la segunda etapa: *tu atención está pegada a la respiración durante un minuto.* Un fluido de atención que no olvida la respiración. Organizarte sesiones de veinticuatro minutos, como ya se ha comentado, no es ni mucho ni poco, pero te aseguras no tener problemas físicos; tendrás periodos de veinte, treinta segundos de continuidad en las que no pierdes la respiración y te ves libre de excitación burda.

La segunda etapa se logra gracias al *poder del pensamiento* o la reflexión, que puedes aplicar de dos modos:

1) *Fuera de la sesión* recibes la instrucción de tu lama y aprendes a diferenciar entre la vigilancia y la atención, a conocer la característica de las dos primeras etapas, para así familiarizarte con las instrucciones. Entiendes la teoría, la pones en práctica, ves resultados, y esto te inspira a seguir.

2) *Durante la sesión*, cuando te enfocas en la respiración, es útil, *temporalmente*, tener un comentario conceptual interior, *retransmitirte* lo que te está ocurriendo en la práctica, las instrucciones que has escuchado, para seguir refrescando la memoria: "ahora aparece la excitación burda", "esto ha sido una distracción" "y esto pesadez, hundimiento", "ah, aquí tengo que sostener con más, o menos intensidad…" Este ejercicio te impide caer en la divagación.

Durante la sesión seguirás perdiendo el objeto, pero no debes descorazonarte, es normal. El problema principal sigue siendo la excitación burda. Hay mucho movimiento y tráfico en la mente, imágenes, recuerdos, pensamientos. Para enfocarte requieres cierto nivel de esfuerzo.

El modo de progresar a lo largo de estas etapas no es lineal, cada día mejorando sino más bien como una montaña rusa: tendrás sesiones buenas y malas. Evalúa y aprecia los buenos días para entender que estás mejorando. Te encuentras en la primera etapa y mejoras la práctica hasta que te parece que ya entras en la segunda, pero, al cabo de unos días, tienes la sensación de que, en realidad, sigues en la primera. Hasta que, de repente, tienes la impresión de moverte ya en la segunda y la tercera, para después entender que lo habitual es estar en la segunda y *solo* esporádicamente en la tercera. Progresas, yendo y viniendo. Forzar nunca acelera el proceso, al contrario, la continuidad, la paciencia y la relajación conducen al progreso.

"¡Oh, no progreso tanto como pretendía, qué fracaso!" Pensamientos así indican que tu motivación inicial no era la más apropiada. Las expectativas son la madre del fracaso, son una trampa, suéltalas.

Aunque en esta etapa puedes mantenerte sobre el objeto un minuto, las distracciones siguen reapareciendo con fuerza. *Los periodos de distracción siguen siendo más extensos que los de concentración.*

El enemigo de la atención en las primeras etapas es la excitación y la distracción general. La excitación es un estado inquieto que forma parte del apego porque se engancha o entretiene con objetos agradables. Tiene la función de interferir con la continuidad de la atención. Tiene varios aspectos:

1. Su objeto siempre es algo que te resulta atractivo.
2. Su aspecto es que la mente se altera, se vuelve inquieta y se aparta del objeto de meditación.
3. Es una parte del apego que anhela implicarse con su objeto.
4. Su función es interrumpir que la atención esté sobre el objeto.

Imagen en el diagrama

En la primera etapa el monje no puede atrapar al elefante,

camina por detrás de él. Significa el esfuerzo intenso que requieres para echarle la cuerda a la mente y atarla a tu respiración. Aplica el esfuerzo de modo relajado, con habilidad.

Puesto que en la segunda etapa puedes permanecer unos instantes fundido en la respiración, el monje está más cerca del elefante y ya le coge con la cuerda.

En la cabeza del elefante y del mono aparece una mancha blanca; simboliza que la mente se apacigua ligeramente gracias a los instantes en que la atención permanece absorta en la respiración.

En las dos primeras etapas hay más distracción que concentración. La diferencia entre la primera y la segunda etapa está en la duración de tu atención, en la segunda etapa reconoces más fácilmente lo que hace tu mente. El periodo de tiempo en que la mente está sobre el objeto es menor que el que está apartado de él.

Sin pasar por las dos primeras etapas es imposible saltar de golpe a la tercera.

Tercera etapa: *Volver a emplazar*

En la tercera etapa te das cuenta *casi al instante* de que has perdido el objeto de meditación. La mayor parte del tiempo la atención está fija sobre el objeto y no hay tantas distracciones como en las dos etapas precedentes. En las dos etapas previas la concentración interrumpía a las distracciones, ahora son las distracciones las que interrumpen la concentración.

Te encuentras de verdad en la tercera etapa cuando en tu sesión estás prácticamente todo el rato absorto en la respiración. El término tibetano que denomina esta etapa es "poner un parche en la discontinuidad de la concentración". En base a las dos primeras etapas logras tener una continuidad de instantes de atención y, cada vez que ésta se interrumpe le pones un parche: devuelves la mente al objeto.

En esta etapa la atención se ha reforzado y te resulta más fácil absorberte en la respiración. Aunque el problema sigue siendo la excitación burda sus ataques son más espaciados en el tiempo. Aquí empiezas a desplegar con fuerza el *poder de la atención,* en consecuencia, corres el peligro de caer en el hundimiento burdo -la atención se desentiende del objeto y se hunde en una especie de comodidad espesa, como si la mente estuviese ida. Aunque puede ser un estado pacífico, es un obstáculo.

Una de las diferencias entre las dos primeras etapas y la tercera es que en las etapas anteriores no te dabas cuenta de la interrupción, ahora *te das cuenta de inmediato y regresas a la respiración.* Con respecto a las dos anteriores etapas, el periodo de tiempo en el que ahora olvidas la respiración es menor porque tu atención es más potente.

Durante las dos etapas precedentes, la mente estaba

totalmente dominada por la excitación y la distracción, y por ello, el mono dirigía al elefante tirándolo de su trompa. En la tercera etapa el mono ya ha soltado la trompa, lo cual significa que ya no es dueño y señor: la distracción, la excitación, dejan de dirigir tu meditación.

En la tercera etapa eres capaz de detectar el hundimiento. Puesto que la atención ya se ha desarrollado ligeramente no es tan importante, por decirlo de algún modo, como la vigilancia porque, ahora es cuando empieza el trabajo difícil: *detectar y eliminar el hundimiento.*

La concentración correcta requiere tener la mente *estable*, y a la vez *clara.* El hundimiento ataca dicha claridad. Estás en un estado de calma, pero, en el fondo no estás bien concentrado. Por ello la atención y la vigilancia se deben usar en todo momento. Si notas mucha excitación, relaja el modo en que sostienes la atención; y si notas el hundimiento burdo, una especie de comodidad espesa, aumenta la firmeza con que sostienes tu atención.

El Lam Rim Medio Lama Tsongkhapa tiene una sección denominada "Por qué es difícil para principiantes cortar con el hundimiento y la excitación mental si las sesiones son demasiado largas". Comenta al respecto:

El método para sostener la atención y la vigilancia explicado antes –recordar el objeto de tu meditación en todo momento y vigilar una y otra vez- carece de faltas incluso en sesiones largas. No obstante, para la mayoría de los principiantes si las sesiones son demasiado largas, o bien olvidas el objeto –te distraes y aunque aparezcan el hundimiento o la excitación, solo los reconoces al cabo de un rato o, si no olvidas el objeto al que prestas atención, caes fácilmente víctima del hundimiento y la excitación sin reconocerlos al instante. El primero de estos dos problemas impide que desarrolles una fuerte atención y el segundo impide que desarrolles una fuerte vigilancia de modo que resulta difícil cortar el hundimiento y la excitación.

En particular, si olvidas el objeto de meditación, dejas que la mente vague de un sitio a otro, y después fallas en identificar que eres víctima del hundimiento o la excitación es mucho peor que *no identificarlos* al instante mientras estás sobre el objeto de la meditación. Por lo tanto, como antídoto que detiene el deterioro de la atención a causa del vagabundeo mental, el modo de sostener la atención explicado antes es muy importante.

Si las sesiones son demasiado largas un principiante se olvidará de la respiración; entonces resulta difícil detectar si aparece la excitación y el hundimiento.

La meditación será intachable si el modo de cultivar la atención es que more en la respiración, sin vagar o distraerse, y que la vigilancia examine de vez en cuando si ha surgido la excitación y el hundimiento. Poner en práctica estos dos consejos nos asegura que el desarrollo de samatha sea inmaculado.

Olvidar la respiración, dejando que la mente vague y se distraiga, y no identificar la excitación y el hundimiento es peor que no olvidarla, pero permitir que el hundimiento y la excitación surjan sin identificarlos al instante. Debes evitar que la atención degenere aplicando el antídoto: recordar en todo momento que has de estar en la respiración con la ayuda de la vigilancia.

"Hundimiento" es una traducción literal del término tibetano *jingwa*. En el texto medio de *Las Etapas de la Meditación* Kamalashila dice lo siguiente:

Deberías entender que, en ocasiones, cuando la mente no ve claramente el objeto de meditación –como alguien que cierra sus ojos o alguien que entra en una zona oscura- en esos momentos hay hundimiento.

Lama Tsongkhapa señala la diferencia entre la pesadez y el hundimiento:

El primero es causa del segundo, no son lo mismo. La pesadez o espesor se refiere a sentir el cuerpo y la mente pesados y espesos. En cuanto al hundimiento se refiere a que el modo en que la mente aprehende el objeto es *flojo*, de modo que no se sostiene con la fuerza o claridad *suficientes*. Por este motivo, aunque haya cierta claridad, si el modo de sostener el objeto no es firme caemos en el hundimiento.

Si no has dormido bien, notarás el cuerpo y la mente pesados, y si pruebas de meditar comprobarás que, a pesar de poder estar estable sobre la respiración, la mente adolece de energía y no sostiene con la firmeza necesaria. Esto es un ejemplo de hundimiento provocado por la falta de sueño.

Y termina esta sección con estas palabras:

En otros grandes textos no he visto una explicación clara de las características del hundimiento.

El consejo primordial para eliminar el hundimiento es procurar que 1) el objeto aparezca claramente y 2) sostenerlo con la firmeza adecuada. Es decir, reforzar el modo de sostener el objeto de meditación con la firmeza necesaria; ni demasiado, *porque aparecería la distracción*, ni demasiado poco, *porque aparecería el hundimiento.*

El consejo de Lama Tsongkhapa es usar la vigilancia para monitorizar el estado de tu mente cuando emplazas la atención sobre el objeto. "¿Estoy en él?, ¿lo sostengo con la suficiente firmeza?, ¿aparece claramente la respiración a mi mente?"

Imagen en el diagrama

El monje domador -tú- ha conseguido ponerle la cuerda alrededor del cuello del elefante, tu mente. Su cabeza se vuelve para mirarle lo cual significa que ahora ya es más dócil y ha de empezar a tenerte en cuenta. La cabeza del elefante y la del mono son blancas debido a que el emplazamiento de la mente sobre la respiración progresa. Aparece una liebre en la espalda del elefante que simboliza el hundimiento burdo y el sutil.

No observes este diagrama como algo externo divertido e infantil. Recuérdalo en meditación y sabrás en qué estado se encuentra tu mente y cómo procede tu práctica en cada etapa.

Cuarta etapa: *Emplazamiento cercano*

Aquí, en esta fase, la atención se desarrolla por completo, aunque siguen apareciendo el hundimiento y la excitación burdos. Tanto esta etapa como la anterior se experimentan gracias al *poder de la atención.*

La diferencia entre la tercera y la cuarta etapas está en si pierdes o no el objeto de concentración. En la cuarta, no se pierde el objeto porque la atención se ha desarrollado. Si en las tres etapas anteriores el trabajo consistía en *dirigir* la mente al objeto, ahora consiste en *permanecer* en él durante periodos más extensos. Esto contrarresta la distracción y excitación burdos.

La fuerza de la atención hace que la mente se estabilice sobre el objeto y se interiorice demasiado, lo cual provoca el hundimiento burdo, es decir, que tu atención pierda fuelle o intensidad. Por otro lado, el hecho de que tu mente obtenga claridad sobre el objeto puede causar excitación. Por ello, cuando la mente se estabiliza, vigila que no surja el hundimiento y, cuando hay claridad, controla la excitación. Sin embargo, en una buena meditación debe haber estabilidad y claridad, el arte está en mantener estas dos cualidades sin que aparezcan los obstáculos.

Has de hacer un uso apropiado de la vigilancia para detectar, el hundimiento burdo -la mente está fijada sobre el objeto, pero *éste no se ve claro.* Con el hundimiento sutil 1) la atención está estable en el objeto, 2) el objeto aparece de modo claro, pero el modo en que sostienes el objeto carece de vigor, es decir, el aspecto de la claridad carece de la intensidad suficiente. Te falta lucidez. Por todo ello, el yogui en el dibujo empieza a levantar el gancho de la vigilancia. Lama Tsongkhapa advierte que discernir bien este punto es clave para que el meditador no se pierda porque algunos creen que ya han llegado al final de su camino, porque hay una atención estable y cierto grado de claridad desde el lado del objeto.

En *La Esencia de lo Vasto y lo Profundo*, Pabongka Rimpoché escribe:

> La tradición de Lama Tsongkhapa y sus discípulos es deleitarse en un *modo de aprehensión* del objeto tan *firme* como sea posible.
> Con un modo firme de aprehender el objeto despertarás el factor de la claridad, libre del hundimiento mental.

Y después también señala:

En resumen, emplea un modo de aprehender el objeto que sea lo más firme posible, y sin dispersión mental. La ausencia de dispersión mental corta con la excitación, y la firmeza corta con el hundimiento. Por tanto, este es el punto esencial que llevan en el corazón los grandes meditadores.

En las primeras cuatro etapas se desarrolla especialmente la estabilidad sobre el objeto, lo cual evita distracciones y excitación mental. A partir de la tercera, y en adelante, el trabajo primordial está en mejorar la claridad sin caer en la excitación, y en la estabilidad necesaria sin caer en el hundimiento.

Cuando estás sentado en meditación tratando de centrarte en la respiración, todos estos consejos deben ponerse en práctica.

Imagen en el diagrama
Puesto que en esta etapa la atención es muy potente y resulta difícil perder el objeto, la cuerda en el diagrama ya no está tensa. Raramente pierdes la atención en la respiración; quizás pierdes la claridad o la intensidad. Llegados a este punto el esfuerzo ya no se emplea para mantener el objeto sino para *mejorar la calidad de la meditación.*

El meditador en el diagrama está a punto de usar el gancho porque, en esta etapa, se requiere la vigilancia para supervisar la meditación y detectar el hundimiento. En paralelo a la progresión en su adherencia a la respiración, la mente experimenta un aumento de paz y bienestar.

A diferencia de las tres etapas anteriores prácticamente ya no hay distracciones; puede haberlas en su modo sutil pero nunca pierdes por completo tu objeto de meditación.

Quinta etapa: *Mente Controlada*

Hasta la cuarta etapa el problema era atrapar la mente distraída, ahora lo es detectar si la mente está o no está clara, o si sostiene el objeto de la meditación con la intensidad justa. A partir de la quinta ejerces una fuerte vigilancia para atrapar el hundimiento sutil y restos de la excitación sutil. Tienes estabilidad en el objeto y claridad, pero en este punto puede aflojarse la intensidad con que sostienes la atención.

En la cuarta etapa interiorizas demasiado la mente para no caer víctima de la distracción sutil, en consecuencia, puedes caer víctima del hundimiento. La diferencia entre la cuarta y quinta etapas es que aquí ejerces sabiamente la vigilancia que controla los niveles burdos de excitación y hundimiento que podrían persistir de la etapa anterior. En la cuarta etapa, tienes los dos tipos de hundimiento, pero es más evidente el burdo; en la quinta etapa sobresale el sutil.

Algunos textos señalan que en la etapa quinta se elimina el hundimiento burdo. De allí el nombre de esta etapa: mente controlada. Si en las dos etapas anteriores requerías el poder de la atención, aquí sobresale el *poder de la vigilancia*.

Asanga en el *Nivel de los Oyentes* señala que en esta etapa ves claramente que los "diez signos" son problemáticos y llenos de desventajas: los cinco objetos del deseo, los tres venenos y las señales que caracterizan el hombre y la mujer. Todos estos son objetos hacia los que te has sentido atraído en el pasado y que te han distraído. Ahora, no te distraes por su culpa.

Imagen en el diagrama

El elefante, el conejo y el mono en el diagrama tienen medio cuerpo blanco y, por vez primera, el mono camina detrás del elefante debido a que la atención está tan desarrollada que la excitación y la distracción apenas aparecen. Este estado viene caracterizado por una experiencia de gozo intenso y por ello el monje-domador -tú- estás delante del elefante y prácticamente solo usas el gancho, lo cual simboliza el control que a partir de entonces tienes sobre la mente. El fuego, -el esfuerzo que se requiere para concentrarse- ha disminuido notablemente.

Sexta etapa: *Pacificar la mente*

En la etapa anterior abordabas el hundimiento sutil, y aquí puede sobresalir la excitación sutil a causa de una excesiva aplicación del antídoto al hundimiento sutil. Cuando eliminas los dos enemigos sutiles la mente está en calma. En la etapa quinta eliminas el hundimiento sutil y en la sexta la excitación sutil. Aquí desarrollas la vigilancia por completo. A partir de esta etapa la distracción y el hundimiento, son tan sutiles que son incapaces de perturbar la mente.

La mente es flexible y se implica constantemente en la práctica de Dharma, sin experimentar fatiga por ello. La concentración produce un intenso gozo que impulsa a seguir la meditación.

Imagen en el diagrama

La cuerda no está tensa y el monje-meditador apenas usa el gancho, la liebre ha desaparecido. El elefante y el mono tienen su cuerpo prácticamente de color blanco.

Pabongka Rimpoché en su *Liberación en las Palmas de nuestras Manos* señala que en la quinta etapa hay más probabilidades de caer en el hundimiento sutil que en la sexta, aunque aún puede surgir muy esporádicamente.

Séptima etapa:
Pacificar la mente totalmente

"Totalmente" significa que estados incómodos como el apego, la melancolía, el letargo y el sueño y otros estados están subyugados. La vigilancia y la atención se han desarrollado hasta un grado sin precedentes y, por ello, ya es difícil que la excitación y el hundimiento ocurran. No obstante, aún se requiere ejercer un leve grado de esfuerzo para enfocar la mente. Esporádicamente pueden surgir la excitación y el hundimiento sutiles, pero con un mínimo de esfuerzo los eliminas.

Si en la sexta etapa podría aparecer el hundimiento y la excitación sutiles, en la séptima ya sería muy raro que sacasen la cabeza. No obstante, aún se requiere algo de perseverancia para aplicar el antídoto adecuado. Y esta perseverancia los remata en cuanto salen.

Imagen en el diagrama

El elefante sigue su camino de modo pacífico, ¡con una mirada tuya sabe lo que ha de hacer! El mono se despide del monje que, por vez primera, no muestra ni la cuerda ni el gancho porque ya no los necesita.

Octava etapa:
Enfocar la mente unipuntualizadamente

Con tan solo un mínimo esfuerzo te emplazas sobre el objeto de modo unipuntualizado; es como si, ni siquiera necesitases hacer uso de la atención y la vigilancia. Pabongka Rimpoché en *La Esencia de lo Vasto y Profundo* señala que en este punto podrías estar sentado cuatro horas absorto en el objeto.

En las primeras dos etapas no tenías mucha concentración; desde la tercera hasta la séptima la meditación era bastante buena, aunque vas recibiendo ataques por parte de la excitación y del hundimiento. Desde la octava a la novena ya no necesitas vigilar. Es aquí, en este punto, que uno puede poner en práctica muchas frases bonitas y sugerentes que aparecen en los textos de dzgchen, mahamudra y tántricos, "dejar ir", "no emitir juicios", "soltar" "meditación sin esfuerzo", "no controles tu mente", "medita sin meditar".

Imagen en el diagrama
El elefante ya es blanco y sigue al meditador como signo de que es obediente y trabaja en beneficio suyo.

Novena etapa: *Mente en equilibrio*

El poder de la familiaridad completa la novena etapa en la que, sin esfuerzo alguno, entras y permaneces en meditación. Practicar repetidamente te lleva a este resultado. "Equilibrio" aquí se refiere a un estado de ecuanimidad particular que surge del adiestramiento en samatha.

En *Los Niveles del Sravaka*, Asanga señala:

> Como consecuencia de la dedicación, la familiarización y la práctica frecuente, logras el sendero de la atención espontánea y natural. Sin esfuerzo y de modo espontáneo, entras en un fluido de concentración sin distracción alguna. De este modo estás concentrado.

En *Tu Naturaleza Interior* Gueshe Tamding Gyatso define la ecuanimidad así:

> Un factor mental asociado con el esfuerzo, libre de las tres emociones aflictivas raíz, y que mantiene la mente primaria sin hundimiento ni excitación. Su función es la de actuar como base para mantener la mente estabilizada sobre un objeto virtuoso.

Después de esta etapa se genera la flexibilidad -el oponente directo a la pereza que apareció en el capítulo de las cinco faltas y ocho soluciones. No es flexibilidad o agilidad del cuerpo, sino que un tipo de prana empieza a circular por el cuerpo eliminando disfunciones físicas y obstáculos, lo cual causa que se vuelva ligero, flexible y dúctil para la meditación. Produce una sensación agradable en el cuerpo que se armoniza con la mente. Salud física y mental completas. Con esta flexibilidad puedes estar sentado horas o días sin problema.

Así pues, aparece 1) la flexibilidad mental que actúa como

antídoto a cualquier obstáculo mental que obstruya la meditación. Esto causa 2) la flexibilidad física a causa de un aire sutil que circula por todo tu cuerpo. Dicha flexibilidad provoca 3) un gozo físico y 4) un gozo mental. La novena etapa es meditación espontánea que crea flexibilidad burda y luego gozo burdo.

A modo de resumen: la flexibilidad mental da pie a la pacificación de estados insanos que impiden implicarse en actividades virtuosas. Esta flexibilidad causa que circule un prana por todo el cuerpo dando pie a una flexibilidad física especial que elimina cualquier sentimiento de pesadez física. El cuerpo se siente ligero y puede ser usado en actividades virtuosas a placer.

La flexibilidad física se desarrolla en dependencia de la flexibilidad mental, lo cual da pie a que tu cuerpo se vuelva ligero, sano e incansable, produciendo una sensación de gozo físico y mental. Tienes la sensación de que el cuerpo se funde con el objeto. El gozo es tan intenso que, momentáneamente, pierdes parte de la capacidad para permanecer sobre el objeto de concentración; no obstante, cuando este gozo se estabiliza alcanzas una flexibilidad inamovible a través de la cual la mente permanece perfectamente sobre su objeto. Cuando llegas a este punto uno ha logrado la permanencia apacible, samatha, shiné. Se dice que tu mente ya no pertenece al reino del deseo sino al de la forma.

La flexibilidad que viene de la concentración es un factor mental que ya se empieza a desplegar durante las dos primeras etapas, aunque pase desapercibida. La flexibilidad completa se obtiene un tiempo después de haber llegado a la novena etapa. Es uno de los siete factores de la Iluminación que aparecen en el capítulo final.

Imagen del diagrama

El diagrama muestra al monje sentado mientras el elefante duerme plácidamente a su lado, forman un solo equipo. Llegados a este punto uno puede meditar durante largos periodos de tiempo, días, semanas o incluso meses.

El cuerpo del meditador se siente muy ligero, aunque pese mucho y, viene representado en el diagrama por el meditador que vuela. El monje sentado encima del elefante indica el logro de la permanencia apacible. En el diagrama siguiente, el meditador sostiene una espada e indica que el meditador empieza una nueva meditación: la unión de la permanencia apacible y la sabiduría -samatha y vipasana.

Los seis poderes

Las seis curvas en el diagrama representan seis poderes que se aplican para atravesar el camino hacia la concentración perfecta de samatha.

El poder de escuchar. Antes de sentarte a meditar has de saber en qué meditar y cómo hacerlo. Es necesario recibir enseñanzas de tu lama, que te ayudará a establecer la primera de las nueve etapas.

El poder de contemplar o del pensamiento. Cuando escuchas enseñanzas no es suficiente con tomar notas; es preciso reflexionar y analizar su significado. Se han de releer, volverlas a escuchar hasta que queden impregnadas en tu corazón. Este poder ha de estar presente desde la primera etapa, pero es imprescindible desde la segunda. Es la segunda curva.

El poder de la atención. Es necesario en las dos primeras etapas, pero sobre todo en la tercera y cuarta. En estas etapas se desarrolla por completo la atención. Es la tercera curva

El poder de la vigilancia. Si la atención tiene la función de no perder y recuperar el objeto, la vigilancia es la que supervisa y detecta cuándo has soltado el objeto: avisa al cuartel general que despliega de nuevo la fuerza de la atención. Te capacita para obtener la etapa quinta y sexta.

El poder del esfuerzo. Este poder te ayuda a establecer la séptima y octava etapas, y te ayuda a sostener el objeto continuadamente sin perder la energía. Es el fuego que se ve al lado de las curvas en el diagrama.

El poder de la familiaridad. Familiarizarse una y otra vez con esta meditación libre de obstáculos hace que se complete el emplazamiento de la mente sobre el objeto a placer.

Un último consejo

Por último, de todos los consejos que aparecen en este libro, el que viene a continuación es el más importante. Se trata de una anécdota que ocurrió entre el gran yogui Milarepa y su discípulo del corazón, Gampopa.

Se dice que la primera vez que se encontraron, cuando aún no se conocían, Milarepa le entregó una copa hecha de cráneo llena de chang[24], Gampopa protestó diciendo que el alcohol iba en contra de sus votos. Milarepa, riendo le aseguró que el precepto más elevado de todos es obedecer los deseos del lama. Al escuchar eso, Gampopa sin ninguna duda ingirió el contenido de la copa de cráneo. Milarepa supo al instante que Gampopa sería su heredero espiritual.

Tras años de meditación solitaria en una cueva, interrumpidas solo para visitar la cueva de Milarepa, Gampopa había terminado su adiestramiento y estaba a punto de dejar a su maestro. Milarepa colocó sus pies descalzos sobre la cabeza de Gampopa como bendición. Y éste le pidió a Milarepa una instrucción final. Milarepa le respondió: "Lo que hace falta es más esfuerzo. No más enseñanzas". No dijo más.

Gampopa lo aceptó y empezó a descender por la montaña donde se hallaba la cueva. Instantes después, desde la distancia, Milarepa empezó a llamarle a gritos: "¡Gampopa, Gampopa!" Imaginad a un anciano esquelético, de color verde de tantas ortigas como había comido, haciendo gesticulaciones desde la distancia. Siguió gritando "Gampopa, tengo una última instrucción muy profunda y secreta. En realidad, es demasiado preciosa para dársela a cualquiera".

Gampopa desde la distancia estaba embelesado mirando a su gurú gritando. De repente Milarepa se dio la vuelta, se levantó su harapienta falda y le mostró su trasero lleno de callosidades, endurecidas por tantos años de meditación sentado sobre una roca plana. "¡Esta es mi instrucción final! ¡Síguela!"

---

24 Cerveza tibetana

Dejar la mente en su estado natural

Como ya sabes, anapanasati te ayuda a apartarte del estrés, de las aflicciones, y esta consciencia atenta, relajada y clara, dirigida al cuerpo y al fluido natural de la respiración, provoca en tu sistema nervioso una capacidad natural de sanación. La práctica que viene a continuación, denominada "dejar la mente en su estado natural" -también conocida como "llevar la mente impura al sendero", "observar el rostro de la mente"- consiste en dirigir las tres cualidades[25] que desarrollas en anapanasati a lo que sea que surja en el espacio de la consciencia mental, sin interferir, ni evaluar, tan solo estar presente. Dejar la mente en su estado natural crea la oportunidad para establecer una profunda serenidad.

Una experiencia verificada durante siglos es que, por malo que sea el pensamiento o el concepto, en dicho espacio, se libera por sí mismo gracias a tu santa indiferencia. El texto de mahamudra[26] del Primer Panchen Lama dice:

> Cuando se relaja la mente atrapada en un nudo,
> Se libera a sí misma, sin duda.

La mente se equilibra a sí misma por sí misma, como una serpiente enroscada que se desenrolla. Tanto en anapanasati como en dejar la mente en su estado natural rompes con el hábito de "hacer" porque descubres un bienestar que no promueve la adicción a "estar ocupado". Se ha comentado previamente que los tibetanos enfatizan las visualizaciones, observan una imagen de Buda para luego crear una réplica

25 Relajación, estabilidad y claridad.

26 Ver *Senda hacia la Serenidad/Mahamudra*, publicado por Ediciones Amara. www.ediciones-amara.net

mental que sostienen hasta conseguir samatha. Generar una imagen y prestarle atención es una práctica auténtica que ha sido efectiva para lograr samatha durante cientos de años. Tanto en el mahamudra como en el dzogchen se aconseja, no obstante, la práctica de dejar la mente en su estado natural.

Dudjom Lingpa, gran maestro de dzogchen del siglo diecinueve, comentó que, tratar de generar una imagen mental y concentrarte en ella, te podría causar más tensión. Es decir, si llevas a la práctica tu propia tensión, no irás muy lejos. La tensión que se usa para sostener la imagen te impide relajarte... y relajarte es indispensable para meditar bien. A personas así les aconsejaba la práctica de dejar la mente en su estado natural. Si deseas hacer de las visualizaciones tántricas tu práctica principal, debes convertirte en un experto en relajar.

En este capítulo voy a usar una parte del famoso texto de mahamudra, *El Camino Principal de los Victoriosos,* escrito por el Primer Panchen Lama, Losang Choky Gyaltsen. Este gran Lama vivió entre el siglo dieciséis y diecisiete (1570-1667). Fue el gurú del Quinto Dalai Lama. La parte que él dedica al desarrollo de samatha usando la mente como objeto, es decir, dejar la mente en su estado natural, empieza así:

De las dos técnicas principales de la tradición del Mahamudra del Sutra, la que busca meditar en la mente además de haber obtenido una visión correcta de la realidad.

Es vital recibir enseñanzas y estudiarlas de un modo sistemático. En todas las tradiciones se dedican muchos años al estudio intelectual. Una vez has adquirido la visión, te consagras a la meditación. Primero eres un erudito y después te conviertes en un meditador. Puesto que todo fenómeno está desprovisto de existencia esencial alguna, es vacío. No entender este hecho es la causa raíz del dolor, de dukha. Esta primera perspectiva busca una comprensión lo más perfecta posible del vacío para después poder enfocarse de modo unipuntualizado en él, pero esto no es posible sin samatha.

El Panchen Lama sugiere que este no es el único modo de practicar, y por ello dice:

Y la que busca una visión correcta además de haber meditado en la mente, yo lo voy a explicar aquí según esta última técnica.

Aquí se enfatiza la meditación, con una buena base de comprensión intelectual. Tratas primero de obtener samatha y, después, entras en la práctica de vipasana para entender la vacuidad. De tu experiencia meditativa surge la visión. Primero te enfocas en la naturaleza relativa de la mente y después buscas la comprensión completa de la vacuidad. Este es el sistema que sigue el Panchen Lama en el texto, por lo tanto, si no entiendes bien la vacuidad u otros temas, no te preocupes de momento.

Tradicionalmente, el guía espiritual explica los atributos de la mente, las diferencias entre la naturaleza relativa y última de la mente, la diferencia entre mentes burdas, sutiles y muy sutiles y te enseña cómo identificarlas en meditación. El discípulo medita en las instrucciones hasta obtener resultados.

El texto raíz empieza con unos preliminares específicos.

En un asiento que dirija a la estabilidad mental adopta la postura corporal de siete puntos y purifica mediante la meditación de la respiración en nueve rondas.

Si tu cuerpo está tenso e inquieto no te relajarás y samatha no despegará. La postura de siete puntos de Vairochana, que se explica en todas las escuelas tibetanas, proviene de la India. Si no te resulta cómodo sentarte en loto completo, hazlo en la postura del bodhisatva, con las piernas replegadas, una delante de la otra. Cada uno debe encontrar el modo más cómodo de estar sentado: esto puede incluir sentarse en una silla ergonómica o, incluso, totalmente estirado en el suelo.

La palabra del texto raíz "purifica" se refiere a sacar el prana estancado con "la respiración en nueve rondas". Hay un canal energético que desde el chakra del corazón va hasta el dedo anular y que está asociado con las aflicciones mentales. Bloqueas dicho canal poniendo el dedo pulgar en su base y cerrando el puño -el mudra del puño vajra. Coloca el índice derecho encima del borde de la nariz izquierda para bloquearla; a continuación, inspira por el orificio nasal derecho. Después colocas el índice en el borde del orificio nasal derecho y expulsas por el izquierdo todas las negatividades relacionadas con la ira. Haz este ejercicio tres veces.

Seguidamente haces lo mismo, pero al revés: bloqueas el orificio nasal derecho, inspiras por el izquierdo y espiras por el derecho expulsando todas las negatividades de cuerpo, palabra y mente del canal izquierdo impulsadas por el apego.

Finalmente, inspiras y espiras por ambos orificios a la vez, con las dos manos en el mudra del puño vajra sobre las rodillas. Al final de la última ronda expulsas todo el aire, hasta eliminar hasta el último rastro, a la vez que estiras los dedos de la mano y abres los ojos. Imagina que al expulsar el aire purificas los actos de cuerpo, palabra y mente promovidos por la ignorancia. Finalmente, sigues con anapanasati o tong leng[27] para calmar y equilibrar la mente.

El texto sigue:

Purifica profundamente tu estado mental y después, con una mente completamente positiva, haz primero la toma de refugio y la generación de la bodhichita.

Una vez has "purificado profundamente tu estado mental",

27 *Tonglen* es meditar en la respiración para despertar el amor y la compasión. Ver *Cambia tu corazón, transforma tu mente* de Gueshe Tamding Gyatso.

tomas refugio y bodhichita para que tu motivación sea lo más positiva posible. Si practicas samatha con el deseo de ser un ladrón, sería una práctica negativa; si el deseo es ser campeón de tenis, sería neutra, pero con una motivación virtuosa samatha será extraordinario. Empezar la práctica con un sentimiento de confianza en el refugio y la bodhichita se convierte en práctica virtuosa. También es vital recibir energía positiva y el método más efectivo para ello es el yoga del gurú:

Medita a continuación en un profundo camino de Gurú yoga y, tras hacer cientos de enérgicas y fervientes peticiones, disuelve dentro de ti a tu Gurú visualizado.

Aunque cada tradición tiene sus propios textos de gurú yoga, el actual Dalai Lama, en su comentario al Mahamudra, *The Guelug/Kagyu Tradition of Mahamudra* aconsejaba usar *Ganden Lagyema* como preliminar -su figura principal es Lama Tsongkhapa a quien ves indistinguible de tu lama. Le suplicas inspiración para tener éxito en la práctica, recitas su mantra y, al final, imaginas que se acerca a tu coronilla donde se coloca mirando al frente, como tú. Después disminuye de tamaño disolviéndose en luz en la zona del chakra de tu corazón donde su identidad se funde con la tuya. Siente que tu mente es indistinguible de la mente Iluminada de Lama Tsongkhapa y la de tu lama, y reposa en ese estado.

Esto te bendice y produce el estado mental más propicio para dejarla en su estado natural. Es así porque, en este momento, la mente está despierta y dotada de gozo; todas las apariencias se han disuelto, no estás en el pasado, ni en el futuro, y puesto que el tráfico conceptual se ha calmado ligeramente, puedes enfocarte en la naturaleza de la mente –claridad y cognición-.

¿Tiene algún sentido empezar la práctica después de que se disuelva el gurú en el chakra del corazón, como dice el Panchen Lama? Uno de los sentidos es que, durante el día, los pranas estrechamente unidos a la mente convergen en la zona del cerebro, el chakra de la coronilla; al dormirse y soñar, convergen en el chakra de la garganta, y cuando no sueñas, has desarrollado samatha, o en el proceso de la muerte, las energías vinculadas a la mente están en el corazón. El chakra del corazón es la sede de la consciencia que es la base de todo.

En la culminación de samatha la mente burda se disuelve en la sutil o consciencia del sustrato y la energía asociada con esa mente se disuelve en el corazón.

No obstante, en la práctica de dejar la mente en su estado natural, *no es necesario* visualizar ningún chakra o zona física particular, simplemente dejas que la consciencia se estabilice de modo natural sin preocuparse de si está en un lugar específico: *donde salen y se desvanecen los eventos mentales es el lugar donde colocar la atención*. Donde notes un evento coloca tu atención, suelta, y lo que queda es la consciencia mental, donde descansas, atento a su naturaleza.

Descansar simultáneamente en este espacio abierto, sin objeto y en la mera claridad de la consciencia, es un tipo de samatha que, según la tradición nygma, te dirige a *alaya* y *alayavijnana;* el sustrato o fundamento de la mente y la consciencia de dicho sustrato. La mente en su estado actual es *donde empiezas* y al final del sendero, ésta se disuelve en su sustrato.

El Primer Panchen Lama presenta la práctica principal con estas palabras:

Absórbete un momento en este estado en el que las apariencias se han desvanecido. Permanece sin pensamientos, expectativas o preocupaciones.

Dejar la mente en su estado natural es una práctica simple, lo cual no significa que sea fácil. Te adiestras poniendo en práctica los siguientes consejos: Procura estar atento a lo que ocurre en el espacio de la mente -la consciencia mental- sin modificar o solidificar lo que sea que se presente, permanece enfocado en dicho espacio. El Panchen Lama señala que has de prestar atención a la mente en sí, esa naturaleza de claridad y cognición. Así pues, presta atención a la mente que ya tienes ahora, la que es víctima de la excitación, la distracción, el hundimiento, inquietudes, tristezas y alegrías No es algo que debas crear, como es el caso en la mayoría de los temas del Lam Rim.

Esta práctica no consiste en *detener* pensamientos ni en dejar de pensar. Tampoco tratas de *tener* pensamientos bellos en lugar de feos. Y si estás allí como si te hubieras dormido, *estás cultivando letargo y adormecimiento.*

El Panchen Lama aconseja observar la quietud y el movimiento de la mente. Usas la mente como sendero, prestando atención a la quietud del espacio y el movimiento que en él se pueda producir.

Dudjom Lingpa escribió *La Visión Iluminada de Samantabhadra* y al principio del texto, en la sección denominada *Llevar la mente impura al sendero* habla de dos tipos de practicantes, los de facultades supremas y los de facultades medias e inferiores. A estos últimos les aconseja reconocer la quietud de la consciencia y los movimientos que se producen en ella. Seguramente nos está aconsejando a nosotros, a no ser que cuando te sientes a meditar, tus sentidos se apaguen por completo y, de modo natural, despiertes la mente muy sutil junto a su verdadera naturaleza vacía, la luz clara o consciencia prístina:

Estos últimos se verán asolados por la confusión y el desespero, y puesto que sus mentes no parecen mezclarse con el espacio, pasarán el tiempo esforzándose y elaborando al quedar atrapados en muchos pensamientos. Aquí está el modo de entrar en las bases y los senderos: deberían practicar por medio de morar en la consciencia y reconocer los movimientos del pensamiento tal y como sigue, igual que miras un espectáculo de ilusiones ópticas. Al meditar con diligencia y entusiasmo, todos los pensamientos burdos y sutiles serán *calmados* en el océano de la base primordial, morarán en un estado de *quietud* inamovible, y surgirá la experiencia de samatha.

Puesto que no tienes una atención lo suficiente refinada para poder distinguir entre la quietud y el movimiento de la consciencia. En general, cuando surge un pensamiento, te atrapa; si surge alguna sensación agradable, despiertas apego; si es desagradable, ira o aversión. Por este motivo, al principio, enfatiza el experimentar la quietud de la consciencia y los movimientos de pensamientos, aflicciones, imágenes que en ella puedan ocurrir. Distingue entre uno y otro, practica hasta que tengas la experiencia de *simultáneamente* ser consciente de la quietud de la consciencia y el movimiento que se produce en ella.

Así pues, si aparece un pensamiento, el que sea, procura ser consciente, a la vez, de la quietud sin que ese movimiento te lleve a su referente. Llega un punto en que la atención se enfocará en la quietud y el movimiento sin que nada la arrastre. Permite que las diferentes concepciones surjan y se disuelvan en la mente misma.

Sin embargo, esto no quiere decir que ceses toda atención, como si te fueras a desmayar o a quedarte dormido. Más bien deberías atar tu atención a este poste para que no se distraiga, y usar la vigilancia para ser consciente de cualquier movimiento mental.

Enfoca la atención en el espacio de la mente y usa la vigilancia para detectar cualquier movimiento que en ella ocurra. La vigilancia es como un espía, consciente de cualquier movimiento en el campo objetivo y el subjetivo. Es decir, vigilas si aparece la agitación, si sigues un pensamiento o un objeto sensorial, si te hundes o te distraes.

"El campo objetivo" es lo que ocurre en la mente, y el "campo subjetivo" es la mente que observa, la atención.

La práctica de dejar la mente en su estado natural se puede dividir, pues, en dos aspectos:

1. *El aspecto o campo objetivo.* Presta atención a lo que surge en el espacio de la mente: pensamientos, imágenes, conceptos, intenciones benévolas, malvadas o aflicciones como la ira y otras. Y aquí *no aplicas antídoto alguno,* no pretendes modificar lo que sea que surja, *simplemente observas esa actividad, sin interferir, ni dejarse arrastrar por ella.*
2. *El aspecto o campo subjetivo,* se refiere a la cualidad del sujeto, por ejemplo, si notas que te distraes, hundes o tensas demasiado, aquí sí *debes* aplicar un antídoto. Si caes en la distracción, no lo dejes pasar, no sueltes; no sería procedente. Es vital arreglar esta hiperactividad; relajas y regresas al espacio de la mente. Si caes en el hundimiento, refrescas la atención y regresas al espacio de la mente.

Esta distinción es muy importante porque la distracción o excitación son obstáculos; equilibras la atención alejándola de estos dos, pero, con respecto a lo que ocurra en la consciencia mental, suelta y déjalo ser, déjalo estar.

La Mente

Todo ser consciente tiene mente y lo que no la tiene nunca la tendrá; algo que no es consciente no puede transformarse en consciente. Por ejemplo, un ordenador no sabe nada; del mismo modo, las neuronas en el cerebro no conocen, son químicas y una cosa química ni *sabe ni conoce nada.*

La mente se divide en dos grandes grupos: cinco consciencias primarias sensoriales y la consciencia mental. En esta última se encuentran unos cincuenta y un factores mentales, positivos, negativos y neutros, conceptos, pensamientos, recuerdos, etc. La práctica de dejar la mente en su estado natural tiene lugar en la consciencia mental. Entretenerte en cualquiera de las sensoriales sería caer en la distracción.

La consciencia mental también se puede dividir en burda,

sutil y muy sutil. Los diferentes pensamientos, conceptos, memorias, emociones y demás, son mentes burdas, así como las primeras cuatro apariencias que ocurren en las etapas del momento de la muerte. Las tres apariencias siguientes son mentes sutiles porque están libres de pensamientos conceptuales dualistas burdos. Una vez cesan, al final surge la mente de la luz clara, que es muy sutil[28]. Todos los seres ordinarios pasamos a diario por la mente muy sutil de la luz clara, pero esto no significa que sea la *experiencia* de luz clara para nosotros. Solo elevados yoguis tántricos pueden experimentarla a voluntad. En la práctica de dejar la mente en su estado natural, empiezas en la parte superficial de la consciencia mental y, al final, llegas a una de más sutil.

En unos instantes podrías memorizar la definición de la mente -cognición y claridad- pero, tener una experiencia de ello lleva tiempo. Y esto es así porque, al ser tu concentración débil, eres víctima de la proliferación de las cinco obstrucciones. El propósito de dejar la mente en su estado natural es, en primer lugar, apartarse de los objetos de los sentidos, acercarse a la consciencia mental, calmar su superficie para que se hagan evidente tanto la claridad como la cognición. A lo largo de la práctica irás percibiendo chispas de esta naturaleza y, cuando esto ocurra, enfócate solo en dicha claridad y cognición, sé consciente de la consciencia.

Con firmeza afina tu atención y observa con simplicidad la mente cuya naturaleza es cognición y claridad. En el caso de que surjan pensamientos, simplemente reconócelos o como en un duelo entre rivales, córtalos inmediatamente, tan pronto como aparezcan.

Te puede ayudar a ubicarte el saber que la claridad es aquello que permite que aparezca el aspecto del objeto; y que la cognición es la función de implicarse cognitivamente con él. Claridad se

28 Una explicación detallada de estas apariencias se encuentra en *El libro tibetano de la Muerte*, www.ediciones-amara.net.

refiere también a la ausencia de forma, de átomos físicos -es decir, la mente carece de propiedades físicas. La mente carece de forma alguna, pero aprehende y percibe objetos, discierne, determina, etc. Esto no es su naturaleza última sino solo la relativa que, tradicionalmente, solo se reconoce por medio de la experiencia personal guiada por los consejos de tu lama.

El aspecto de la "claridad", a veces traducido como luminosidad, no tiene nada que ver con luz física; una expresión de su claridad es la de permitir la manifestación de cualquier apariencia; la misma que permite que se manifiesten apariencias visuales, auditivas, olfativas, mentales. Aprehender, conocer, sería el aspecto de la cognición.

Imagina que pudieras apartarte de los objetos de los cinco sentidos, y cortar a voluntad el tráfico en tu consciencia mental, ¿qué quedaría en el espacio de la mente cuando no hay apariencias que iluminar? La mera experiencia de claridad y cognición. Si aparece un pensamiento tu consciencia lo ilumina de inmediato, y si no hay pensamiento alguno, la claridad sigue estando allí.

Es evidente que esta práctica no consiste en imaginar o visualizar la claridad y la cognición, es algo inmediato, sin elaboración conceptual.

Cuando estás absorto en el espacio de la mente, renueva la atención y la vigilancia para que no te veas arrastrado por cualquier cosa que aparezca. El texto raíz ofrece un método para seguir en el espacio de la mente: cortar.

Cortar se refiere a eliminar de inmediato cualquier distracción para regresar a la quietud del espacio, la claridad y cognición. A medida que la atención y la vigilancia aumentan, experimentas una disminución de la proliferación de pensamientos.

La historia del duelo. Esta analogía viene de épocas antiguas: dos contendientes, un arquero y un espadachín, a unos pasos de distancia el uno del otro. El espadachín está en guardia y observa al arquero que carga el arco y velozmente le lanza flechas. El espadachín no sabe cuándo y con qué ritmo le va a lanzar flechas, por lo tanto, debe estar muy atento y, con la espada, cambiar el curso de las flechas que le llegan. La metáfora es que cuando notes la flecha del pensamiento, la cortes.

La mente es como el arquero que dispara pensamientos e imágenes; tú eres el espadachín, y los detienes de inmediato con la espada de tu atención. Tan pronto detienes uno, de nuevo descansas en el silencio, relajado y listo para observar la claridad y cognición.

El *Udana I.10,* el *Sutta de Bahija,* explica una práctica que Buda le dio a Bahija.

Así lo escuché en una ocasión, el Bendito moraba en el monasterio de Anathapindika en el Bosquecillo de Jetta cerca de Savathi. En aquel momento Bahija el que viste con corteza de árbol, vivía en Suparaka, al lado del mar. Él era venerado, reverenciado, honrado y le rendían homenaje- siendo un recipiente de limosnas, alojamiento y requisitos médicos para los enfermos. "Ahora, de esos que en este mundo son arhats o han entrado en el sendero de la liberación ¿soy yo de verdad uno de ellos?

Entonces un devata que en una ocasión había sido familiar de Bahija, el que viste con corteza de árbol –compasivo, deseando su bien se acercó a él y al verle le dijo: "Tú, Bahija, ni eres un arhat, ni has entrado en el sendero a la liberación. Ni siquiera tienes la práctica mediante la cual te volverías un arhat, o entrarías en el sendero para serlo".

"Bahija, hay una ciudad en el norte llamada Savathi. El Bendito –un arhat totalmente despierto- vive allí ahora. Él es de verdad un arhat y enseña el Dharma que dirige a ese estado.

Bahija, profundamente avergonzado, se marchó de Suparaka de inmediato, y en un día y una noche, subió hasta donde moraba el Bendito, cerca de Savathi, en el Bosquecillo de Jetta, en el Monasterio de Anathipindika. En aquel momento, un gran número de monjes estaban haciendo meditación caminando al aire libre.

Se acercó a ellos y les preguntó: "Venerables ¿dónde está el Bendito, el arhat, correctamente liberado? Quiero verle"

"Se ha ido a la aldea a pedir limosnas", le respondieron.

Bahija, apresuradamente se marchó del Bosquecillo de Jetta y entrando en Savathi, vio al Bendito pidiendo limosnas –tranquilo, sereno, con sus sentidos en paz, su mente en paz, tranquilo, equilibrado en el sentido último, realizado, adiestrado, sus sentidos bajo control, un Grande. Viéndole, se acercó al Bendito, y al toparse con él se lanzó a sus pies. Con su cabeza a sus pies le dijo:

"Enséñame el Dharma Oh Bendito! Enséñame el Dharma, Oh el que se ha Ido Bien, que producirá mi bien y mi gozo.

Una vez dicho esto, el Bendito le respondió: "Este no es el momento, Bahija. Hemos entrado en la aldea para recibir limosna"

Una segunda vez Bahija se dirigió al Bendito: "Pero es difícil saber con certidumbre qué peligros pueden acechar a la vida del Bendito, o qué peligros pueden acechar a la mía. Enséñame el Dharma oh Bendito. Enséñame el Dharma, Oh el que Se ha Ido Bien, que sea para mi bienestar y gozo a largo plazo.

Una segunda vez, el Bendito le respondió: "Este no es el momento, Bahija. Hemos entrado en la aldea en busca de limosnas."

Una tercera vez Bahija le pidió al Bendito: "Pero es difícil saber con certidumbre qué peligros pueden acechar a la vida del Bendito, o qué peligros pueden acechar a la mía. Enséñame el Dharma oh Bendito. Enséñame el Dharma, Oh el que Se ha Ido Bien, que sea para mi bienestar y gozo a largo plazo. El Bendito le respondió: "Entonces Bahija, deberías adiestrarte de ese modo":

En lo que ves, lo que ves, en lo que escuches, lo que escuchas, en lo que sientes, lo que sientes, y en lo que percibes mentalmente, lo que percibes. Así es cómo deberías adiestrarte. Cuando para ti en lo que ves solo hay lo que ves, en lo que escuchas, solo lo que escuchas, en lo que sientes, solo lo que sientes y en lo que percibes mentalmente solo lo que percibes mentalmente; entonces Bahija cuando no hay tú en términos de esto. Cuando no hay tú en términos de esto, no hay tú allí en absoluto. Cuando tú ves que no hay nada allí, de verdad verás que no hay tú allí, tú ni estás aquí ni más allá, ni entre los dos. Esto, solo esto, es el cese de dukha.

Al escuchar esta breve explicación del Dharma del Bendito, la mente de Bahija, el vestido con corteza de árbol, al instante se liberó de los kleshas a través de la ausencia del aferramiento. Habiendo exhortado a Bahija, con esta breve explicación del Dharma, el Bendito se marchó.

Poco tiempo después de marcharse el Bendito, Bahija fue atacado por un toro y perdió su vida. Después el Bendito, habiendo ido en busca de limosna en Savathi, después de comer, regresando de su recogida de limosnas con un gran número de monjes, vio que Bahija había fallecido. Al verle, se dirigió a los monjes y les dijo: "Coged el cuerpo de Bahija, colocadlo en una camilla, llevároslo, quemadlo y construidle un monumento recordatorio. Vuestro compañero en la vida sagrada ha fallecido"

Así lo hicieron. "Tal como dijiste, Oh Noble", y habiéndose postrado ante él se sentaron a un lado y le preguntaron: "el cuerpo de Bahija ha sido incinerado, noble, y su monumento ha sido construido. ¿Cuál es su destino?, ¿cuál es su estado futuro?"

"Monjes, Bahija, el que viste con corteza de árbol era sabio. Practicó el Dharma según el Dharma- Bahija, el que viste con corteza de árbol, monjes, está totalmente liberado".

Donde el agua, la tierra, el fuego y el aire no tienen base
Allí las estrellas no brillan,
El sol no es visible,
La luna no aparece,
La oscuridad no se ve.
Y cuando un sabio, un brahmin, mediante su sagacidad
Sabe esto por sí mismo,
Entonces de la forma a la sin forma
De gozo y dolor se ha liberado.

La breve enseñanza que el Buda le dio a Bahija daba a entender que no hay un sujeto autónomo que escucha, ve, oye, etc; no hay una entidad autónoma independiente de la percepción. Fue una enseñanza muy corta, Bahiya la entendió y se convirtió en un arhat:

"En lo que ves, lo que ves, en lo que escuches, lo que escuchas, en lo que sientes, lo que sientes, y en lo que percibes mentalmente, lo que percibes. Así es cómo deberías adiestrarte"

Es decir, al ver cosas, que solo haya lo que ves, sin asociaciones, conceptos erróneos, etiquetas. Lo mismo con los demás sentidos incluido lo que percibes mentalmente. Y Buda le dijo, "si lo haces así, no hay sentido del yo, ni sentido de ello, tu yo no está aquí o allí". Alude a la vacuidad. No hay entidad externa sólida y fija, ni entidad interna fija y sólida. Después de escuchar estas palabras, Bahija llegó al estado de arhat.

La práctica de dejar la mente en su estado natural se acerca mucho al sentido de la frase, "en lo que percibes mentalmente, simplemente hay lo que percibes". Y aunque esta práctica no culmina en el Nirvana te convierte en alguien excepcionalmente equilibrado porque cuando obtienes samatha estás *temporalmente* libre de los cinco oscurecimientos que se mencionaban en los primeros capítulos[29], no se han desenraizado, pero no aparecen en la mente. Después, ya podrías empezar a hacer vipasana con el fin de experimentar una transformación irreversible.

Así pues, en esta meditación, *sé consciente del espacio de la mente y lo que sea que surja en ella.* No inhibas, no sigas, ni te identifiques con lo que sea que aparezca, tan solo reconócelo. La claridad y cognición de tu mente te han acompañado desde el sin principio y, en este sentido ya es un estado natural, "la mente primordial burda". Procura absorberte en este espacio de claridad y cognición. El modo más eficaz de dejar la mente en su estado natural es *dejar que descanse en sí misma.*

El gran yogui Saraha daba analogías para mantenerse en el espacio de la mente. Usaba el ave mitológica Garuda cuando flota en el cielo porque mantiene su vuelo de modo suave, moviendo el ángulo de sus alas de modo esporádico. Nunca ajusta su vuelo de modo violento solo aplica el esfuerzo justo, ni más ni menos. Si ejerces mucho esfuerzo vendrá la distracción,

29 Es el capítulo denominado: *Anapanassati, samatha y Buda*

y si ejerces poco, el hundimiento. Los consejos orales son que deberías tener el cuerpo relajado como un cadáver y la mente quieta como el espacio, relajada desde su núcleo.

El Primer Panchen Lama sigue:

Una vez hayas terminado con ellos, y tu mente sea estable, sin perder la atención, afloja y relaja su intensidad. Como se ha dicho: "Afloja y relaja su firme intensidad y ahí tienes el estado mental estable". Y en otra parte: "Cuando la mente atrapada en un enredo es relajada, se libera a sí misma, sin ninguna duda".

La combinación de mente clara y aguda pero *simultáneamente* relajada es el modo de tener éxito en esta práctica. Lama Tsongkhapa daba una instrucción muy sucinta: descansa en la mera claridad y cognición de la consciencia".

Algunos eruditos y yoguis del pasado señalan que, cuando la mente da lugar a cualquier pensamiento, si observas su naturaleza, automáticamente se desvanece quedando un vacío que es su mera ausencia, nada más. Y ese mismo vacío es lo que te encuentras si la mente está quieta, sin movimientos. Una ola desaparece en la inmensidad del océano porque es agua; los pensamientos se desvanecen en el espacio de la mente puesto que tienen su misma naturaleza.

Esta meditación puede dar pie al error de pensar que, por un lado, está la mente que observa y, por el otro, la mente observada. No es así. ¿Qué o quién mira la mente? Shantideva en su *Bodhisatvacaryavatara* ya dejó dicho que la mente no puede observar a la mente, del mismo modo que un cuchillo no puede cortarse a sí mismo. Lama Tsongkhapa y el Panchen Lama también dijeron lo mismo: la mente no puede ser consciente de ella misma. Lo que ocurre en esta práctica es que *un instante de mente recuerda la experiencia del instante precedente de esa misma mente;* o una parte de la consciencia se enfoca en la otra y las dos posibilidades están dentro del contexto de comprender que la mente está totalmente desprovista de existencia inherente.

Un instante de mente no puede conocerse a sí misma pero un simple instante de mente puede, *retrospectivamente,* ser consciente de lo que acaba de ocurrir en la misma mente. La consciencia es un continuo, como una sucesión de instantes o pulsos de cognición que dan la apariencia de ser un continuo sólido. Tanto el *Abhidharmakosha* de Vasubhandu como el *Abhidarhamsamucaya* de Asanga sostienen que estos instantes de consciencia se refieren al periodo de tiempo de sesenta y cinco partes de un chasquido de dedos: la décima parte de un segundo, en ese breve periodo de tiempo hay sesenta y cinco pulsos de cognición. La prasangika, considerada el pináculo del pensamiento budista, habla de trescientos sesenta y cinco pulsos y, en ambos casos, se trata de un espacio de tiempo demasiado breve e imperceptible para reconocer algo. En esta práctica, pues, un grupo de instantes de cognición dirigidos hacia el mismo sitio es capaz de reconocer un grupo de instantes de consciencia que acaban de tener lugar.

El texto sigue con estas palabras:

Igual que se indica en estas afirmaciones, relaja, pero sin deambular. Cuando observas la naturaleza de cualquier pensamiento que aparezca, automáticamente se desvanece por sí mismo dando lugar a una mera ausencia.

Acostúmbrate a ser consciente de cualquier pensamiento o actividad que aparezca, sin irte al referente u objeto con el que se implica. Si piensas en un amigo específico, Pedro, aparece una imagen de él, este es el "objeto que aparece", creación de tu mente. Si la atención se distrae te irás al referente, al lugar donde está Pedro, a especular, cuando lo que debes hacer es soltar el objeto que aparece. Cuando notas un pensamiento, concepto, solo observa su naturaleza, sin interferir. Surge de la naturaleza de la mera claridad y cognición y se desvanece en esa misma naturaleza. Fusionas la quietud y el movimiento.

En tu sesión has de ser como un tigre acechando a su víctima en su guarida; tarde o temprano saldrá y si estás relajado, observándola, la podrá atrapar. La guarida es el espacio de la mente y el tigre tu atención.

Si aparece un pensamiento muy negativo y no te identificas con él, en realidad no puedes decir que sea una aflicción mental: solo eres testigo. Si lo observas, sin distracción ni aferramiento, se liberará a sí mismo, sin antídotos externos. La mente se cura de sus aflicciones cuando no te identificas con ellas. Cuando miras una película de terror sabiendo que nada de lo que aparece es real, no te altera, pero, si te dejas llevar y te identificas con lo que ocurre en la pantalla, solidificas todas las apariencias y puedes pasarlo muy mal durante toda la película.

Cuando el texto raíz dice "mera ausencia", no se refiere al vacío de sustancialidad o existencia inherente sino que niega que la mente tenga forma material alguna, color, olor; no se puede tocar, ni la obstruye nada, es la *mera ausencia de estas cualidades.* Permite que lo que sea se refleje claramente y sea experimentado o conocido. Claridad y cognición es la naturaleza y función de la mente.

Del mismo modo, si analizas la naturaleza de la mente cuando es estable, una mera ausencia de obstáculo y claridad aparece vívida. Y la mente estable y la que se mueve se mezclan. Así, no importa los pensamientos que surjan, deberías reconocerlos como un movimiento de la mente y sin bloquearlos, establecer tu mente en su estado natural.

El Primer Panchen Lama afirma que los pensamientos, *desaparecen por sí mismos en el espacio de la mente*; aparece un claro y transparente espacio y eres simultáneamente consciente del espacio *quieto* de la mente y del *movimiento* que en ella ocurre. Y cuando el movimiento cesa y aparece la quietud objetiva de tu consciencia, -esa transparencia vacía de la mente- tienes quietud que se encuentra con quietud y quietud ante el movimiento. Es *la fusión de la quietud y el movimiento*. Llegas a ser consciente simultáneamente de la "quietud" del espacio de la mente y el "movimiento" dentro de ese espacio.

El Panchen Lama alude a vipasana cuando dice: "si analizas la naturaleza de la mente". Esporádicamente, como se hace en la tradición guelupa, podrías analizar la naturaleza de ese espacio hasta llegar a la conclusión de que es claridad y cognición y, después, enfocarte en ello, ser consciente de la consciencia.

La Esencia del Vajra de Dudjom Lingpa señala:

Al aferrarse a las experiencias de vacío (el espacio) y luminosidad mientras miras tu interior, las apariencias de uno mismo, los demás, y los objetos se desvanecen. Esto es la consciencia del sustrato... uno ha llegado a la naturaleza esencial de la mente.

Lo único que queda es espacio, claridad y el sustrato de la consciencia, uno ha llegado a la naturaleza esencial del espíritu; no es la naturaleza de Buda, sino solo su naturaleza relativa.

Según todas las escuelas tibetanas, el primer instante de consciencia en la concepción, es la consciencia del sustrato, un instante sutil del continuo de consciencia que es claridad y cognición. Aún no es una consciencia humana, hombre, mujer, español o inglés. Y, a medida que se forma el sistema nervioso y el cerebro, se desarrolla la memoria humana y ya tienes una mente plenamente configurada. Esa naturaleza de claridad y conocimiento es la causa de todo lo que se manifiesta.

Es como el ejemplo del vuelo de un pájaro confinado en una embarcación. Como se ha dicho, "igual que un cuervo, que, habiendo echado a volar desde un barco, tras dar vueltas en todas direcciones debe volver a posarse en él..."

El Primer Panchen Lama ahora explica una segunda técnica

para mantenerte enfocado en el espacio de la mente. Hace dos mil años largos, en tiempos de Buda los marinos de la India navegaron hasta Alejandría en el mediterráneo. Eran muy hábiles en navegar mar adentro, sin bordear la costa. Cuando se les acababan las provisiones, necesitaban saber a qué distancia se encontraba la tierra más cercana. Para ese fin, usaban cuervos que guardaban en jaulas. Un marinero abría la caja y el cuervo salía disparado hacia el cielo. El cuervo desea lo mismo que el navegante: tierra firme. Pero si un cuervo cae en el agua se muere, en consecuencia, no ve necesidad alguna de moverse hacia ninguna parte, lo único que hace es ascender por el espacio hasta ver tierra y salir disparado hacia ella. Si la nave está muy lejos de tierra firme, lo único que puede hacer el cuervo es regresar, decepcionado, a su jaula.

En la práctica de dejar la mente en su estado natural, tú eres como el marino navegando por el espacio de tu mente, y cualquier pensamiento que aparezca es como el cuervo en el cielo. Simplemente lo observas y, sin intervención, permites que se disuelva y regrese al mismo espacio de dónde surgió.

Cultivando métodos como éstos, experimentas la naturaleza de la mente absorta como lucidez y claridad inobstruidas. No es establecida como cualquier forma o fenómeno físico, es la mera ausencia que, como el espacio, permite que todo surja y sea vívido.

Esa naturaleza de la mente debe ser, de hecho, percibida directamente por la visión superior, pero no puede ser verbalmente indicada o aprehendida como "esto". Por lo tanto, deja ir continuamente cualquier cosa que surja, sin aferramiento.

Si pones en práctica todo lo que se ha explicado, con el tiempo, se hará evidente la naturaleza relativa de la mente -que carece de forma, color, no está hecha de átomos, es mera claridad como el espacio. Y aunque se puede conocer directamente, no puedes afirmar que sea "esto" o "aquello".

"Percibida directamente por la visión superior" implica

que, esporádicamente puedes analizar para identificar esa naturaleza de claridad y cognición de tu mente. Uno de los modos de experimentar las dos es con las semillas que construyes al dejar la mente en su estado natural.

Todo lo que se ha explicado con respecto a la naturaleza de la mente hasta aquí alude a su naturaleza relativa: claridad y cognición. En cuanto a la naturaleza última, desde el punto de vista del mahanutara yoga tantra se refiere a la luz clara, el gozo y vacío inseparables; según el sutra alude a la unión de la claridad y el vacío.

En el siglo diecisiete, época del Panchen Lama, era popular un aforismo:

> Lo que sea que surja, descansa relajadamente sin aferramiento.

Y otros decían que enfocarse en la claridad y la cognición era el estado real del mahamudra:

> Esta es la práctica, sé consciente, sin aferrarte y descansa en la naturaleza de la mente; esto es rigpa.

Es decir, y de paso, has visto la vacuidad. ¡Qué fácil!

El autor concluye diciendo.

La mayoría de los meditadores de las montañas nevadas hoy en día son de una sola opinión al decir que esta es una directriz que indica cómo lograr el estado de la Budeidad. De hecho, esto es cierto y, yo, Chökyi Gyaltsen, afirmo que esta técnica es un maravilloso medio hábil para que los principiantes logren estabilizar su mente y es un camino que te lleva a reconocer únicamente la naturaleza relativa de la mente, que esconde algo más profundo.

Así pues, dejar la mente en su estado natural no te permite reconocer el vacío, pero logras estabilidad y claridad en la mente y has reconocido su naturaleza relativa. ¡Casi nada! Cultivar la capacidad de ser consciente del contenido en la mente sin verse atrapado por él, es importante incluso para la salud mental y física.

Usar la mente como objeto de samatha tiene beneficios únicos:

1. *Te ayuda a comprender la naturaleza convencional de la mente.* De los cinco agregados de los que consta la persona, la consciencia es vital, específicamente, la consciencia mental y sus distintos niveles. No obstante, no es fácil ser consciente de ella porque vives pendiente de las cinco consciencias sensoriales.
2. *Enfocarse en la mente produce un estado de serenidad profunda* porque se aquietan y calman los movimientos conceptuales.
3. *Te ayuda a meditar en la vacuidad.* La vacuidad es algo específico; no se trata del vacío de una habitación. Si una habitación está llena de cosas, "cosas" es lo que debes negar para poder entender o percibir una "habitación vacía" ¿no? En el caso de la vacuidad, el objeto de negación es más profundo: la existencia esencial o inherente. Y la vacuidad es la ausencia de dicho tipo de existencia. Cuando dejas la mente en su estado natural, observas el espacio de la consciencia mental, y también encuentras una ausencia, un vacío, pero éste se refiere sólo a la *mera ausencia* de átomos físicos, de forma, color, olor, peso. Enfocarse en dicho espacio te ayudará a trasladarte, cuando llegue el momento, al vacío de la existencia esencial.
4. *Te ayuda a practicar tantra.* Es así porque vas de una práctica con mucha elaboración como es la tántrica a una no elaborada y no conceptual, en consecuencia, se refuerzan mutuamente.

Últimos consejos

¿Cómo es el espacio de la mente? Tan grande como el espacio externo. ¿Dónde ocurre un sueño?, ¿dónde se encuentra el paisaje que aparece en un sueño? Si imaginas la Torre Eiffel ¿dónde está? Todo se encuentra en el espacio de la mente.

¿Qué tipo de fenómenos puedes percibir en el espacio de la consciencia mental? Una clase de fenómenos son aquellos que aparecen: imágenes mentales, pensamientos, el comentario interno, la charla mental, recuerdos, etc. Son apariencias objetivas a las que debes prestar atención.

Pero, en ocasiones, una apariencia objetiva -un café- provoca algún impulso subjetivo: "deseo beber un café" y, automáticamente saltas al referente de esta apariencia: el café que tomarás o que tomaste en tal o cual cafetería. En esta práctica *solo* procuras ser consciente de la apariencia del café y del deseo de beber uno; sin irte a la cafetería. Es decir, observa la apariencia y el impulso subjetivo que ha crecido en tu continuo mental sin irte al referente. En general, cuando surge un deseo no sueles enfocarte en el deseo en sí sino en su referente: aquello que deseas. Y aquí rompes con este enraizado hábito.

Para desarrollar samatha es muy importante *mantener* el fluido de cognición. Procura que la práctica sea inclusiva: estar ubicado en el espacio de la mente y lo que sea que salga -apariencias objetivas o impulsos subjetivos. Cuando no notas "actividad" alguna en el espacio de la mente, debes saber muy bien cómo identificar dicho espacio para así seguir manteniendo el fluido de cognición identificando ese espacio y morando en él. Para ello podrías hacer uso de un acercamiento ligero a vipasana formulándote preguntas e investigando acerca de este espacio "¿tiene forma?", "¿cuál es el significado de claridad y cognición?"

Así pues, cuando tienes la sensación de estar en tierra de nadie, investiga las cualidades de este espacio; sabes que no es la "nada" sino "algo" más sutil. Y este ejercicio te ayuda a estar cognitivamente presente en el estado de la mente. Así pues, en la práctica de dejar la mente en su estado natural encontrarás:

1. Apariencias objetivas.
2. Variedad de impulsos subjetivos.
3. El espacio donde surge toda esta actividad.
4. Ser consciente de este espacio; consciente de la consciencia.

Aunque parecen aspectos separados, todos ellos forman parte de la práctica de dejar la mente en su estado natural. Es una práctica natural y directa en el sentido de que no entraña creencias, ritos, usas elementos que ya están allí –el espacio de la mente, eventos mentales y apariencias, impulsos subjetivos.

Los cuatro aspectos a los que atender van de burdo a sutil. El más burdo es, simplemente, dirigir la atención al espacio de la mente, apartándote de los cinco sentidos, de las sensaciones en el cuerpo, sonidos, formas visuales etc. Una vez ubicado es probable que empieces a notar representaciones mentales de cosas que has visto, escuchado, saboreado, etc, recuerdos de tu madre, tu padre, del trabajo, de tus vacaciones, de tu vida en general, pensamientos discursivos. Si estás presente, los notarás de inmediato sin aferrarte a ellos. Pones en práctica el consejo del Buda a Bahija: "en lo que percibes mentalmente solo lo que percibes mentalmente".

El segundo tipo de eventos ocurre, por ejemplo, cuando una apariencia objetiva provoca un impulso subjetivo, un deseo, en esos casos, si te vas al referente, te has distraído: solo debías prestar atención a la apariencia objetiva y al impulso subjetivo, nada más. Regresa al momento presente y suelta el aferramiento.

El tercero, ocurre cuando estás atento, enfocado en el espacio, y no hay apariencias objetivas, ni impulsos subjetivos. ¿Qué haces cuando sientes que no hay contenido en este espacio? Simplemente le prestas atención. El cuarto es el más sutil de todos: en base al anterior, sé consciente de la consciencia. Mantén ese fluido de cognición. Esto es todo.

Muchas palabras, pero la práctica es simple: identifica el espacio de la mente, las apariencias objetivas, los impulsos subjetivos, nunca te vayas al referente de estos dos, y sé consciente de la consciencia, es decir, consciente en todo momento de esa claridad y cognición.

Vipasana

Las Cuatro Nobles Verdades

La práctica de vipasana está basada en el análisis y la reflexión, y un buen punto de partida para desplegar estas dos facultades es examinar las cuatro nobles verdades y sus implicaciones en tu vida. Aquí tan solo haré una presentación breve de ellas[30].

Buda solía decir: "Solo enseño cuatro cosas: la insatisfacción, las causas, la cesación y el sendero". Estas son las cuatro nobles verdades: la verdad de dukha[31], la verdad del origen de dukha, la verdad de la cesación de dukha –Nirvana- y la verdad del sendero que conduce a esa cesación.

La primera noble verdad es el efecto, la segunda noble verdad es la causa; la tercera noble verdad es el efecto y la cuarta noble verdad, su causa. Seguir este orden en tu estudio y reflexión es la medicina para recuperarse de la enfermedad de dukha.

El Iluminado te recuerda que la insatisfacción, el dolor, es inevitable, de momento. Esta verdad es tan relevante ahora como lo era en su época, hace más de 2.600 años. Es así porque el entramado psicológico de las personas no ha cambiado tanto; la gente de antaño estaba igual o más insatisfecha que nosotros y sufría del mismo modo.

Escuchar este mensaje puede resultar liberador especialmente si te das cuenta de que, en muchas ocasiones, uno se deprime porque se siente insatisfecho, cuando sentir insatisfacción de vez en cuando es de lo más normal dadas las circunstancias. Es como quejarse de que el fuego te quema cuando pones la mano en él.

---

30 Para una extensa presentación extensa ver *Las Cuatro Verdades Nobles* de Gueshe Tashi. www.ediciones-amara.net.

31 *Dukha* se refiere al dolor, es cierto, pero también incluye malestar, sufrimiento, insatisfacción, angustia, dolor físico, mental, inquietud y varios más.

¿Qué es dukha? Se suele traducir como "sufrimiento" pero va mucho más allá: el dolor, el estrés, el temor, las tensiones emocionales, la ansiedad, las preocupaciones, la depresión, la decepción, la competitividad, no aceptar la vejez, la enfermedad, separarte de tus seres amados, perder lo que deseas, verte obligado a enfrentarte a lo que no deseas; pelear por posesiones, dinero, nombre; no darse cuenta de la brevedad de lo que denominamos "felicidad", falta de control de los aspectos esenciales de tu vida. Todo ello es dukha.

El Despierto te dice: si quieres ser feliz, observa de cerca e identifica dukha. Lo primero que explica el Buda es la importancia de reconocer, identificar y de empaparte de que las cosas son así... y aprender a no echar las culpas a nadie por ello. Estos problemas, en última instancia, han sido creados por tres kleshas principales: el apego, la ira y la ignorancia.

Has de darte cuenta de que cada experiencia de la vida trae algún grado de dukha a cualquiera que no esté iluminado. La insatisfacción en ocasiones puede ser muy sutil, quizás una inquietud subyacente en zonas profundas de tu interior, pero el punto crucial es que uno no se siente en paz. O puede ser más obvia, causada por la separación, la enfermedad, etc. Dukha impregna tu existencia; te toparás con ella, tarde o temprano. Y no te deprimas cuando ocurra ya que así es la naturaleza de la existencia en samsara. Dukha, te acompañará en forma de tres situaciones recurrentes:

1. El ciclo de la vida
2. El cambio
3. El no tener control sobre nuestra vida.

El ciclo de la vida se puede resumir en cuatro sufrimientos básicos:

1 Nacer. Un recién nacido no llora porque está contento. Es su lloro de bienvenida al mundo; se aparta de un malestar para entrar en otro. Y aunque, a medida que crece, los llantos y gritos de dolor dejan de ser tan sonoros, persiste un grito angustiado y silencioso que dura el resto de su vida. En cierto modo, todos seguimos llorando porque queremos comida, ropa, un mejor trabajo, más remunerado, una buena reputación, no perderla, más dinero, no perderlo, la pareja perfecta... y un largo etcétera.

2 Envejecer. Justo después de nacer empieza el envejecimiento. Cuando Buda decía que la vejez da lugar a dukha se refería sobre todo a la degeneración del cuerpo. Todos sabemos que las células de nuestro cuerpo se gastan. El envejecimiento hace que degenere la energía y frescura del cuerpo y la mente, y te acerca a la muerte.

3) **La enfermedad**. Las enfermedades son dolorosas. Aunque quizás no has sido víctima de alguna de grave, igual has tenido problemas en las rodillas, en la espalda o tuviste que sufrir una operación quirúrgica. El cuerpo lleva consigo un potencial enorme para hacerte sufrir. Todos tememos estar enfermos de gravedad, y lo estaremos a no ser que la muerte nos atrape antes.

4) **La Muerte**. La muerte no se refiere solo al momento en sí sino a todo lo que dirige hacia él. La muerte es separarse de todo lo que se relaciona con el cuerpo: bienes, amistades, seres queridos, etc. También se refiere al derrumbamiento de los bloques constructores de tu personalidad, de quién crees ser.

No obstante, si la muerte fuese el fin de todo, la cosa no sería tan dramática. Cuando se acerca la muerte, si es resultado de un largo proceso de enfermedad, o de impedimento físico y mental, podrías pensar "ya he tenido suficiente, qué bien, pronto voy a dejar de sufrir". Pero ¿estás realmente seguro de que, entonces, se termina todo? Si eres honesto, no puedes ni afirmarlo ni negarlo a ciencia cierta.

Por mucho que no desees seguir en el ciclo que viene después; no puedes elegir; no puedes afirmar "si algo de mi va a continuar, voy a irme a un sitio mejor" ¿Por qué ha de ser mejor? ¿Quién lo dice? ¿Qué te hace pensar que ahora estás aquí, no eres feliz del todo, sientes grados de insatisfacción, dolor y confusión en tu interior, y que, después de la muerte, de repente, *experimentarás* felicidad y bienestar?

También podrías preguntarte: ¿es posible ser feliz con los tres kleshas –ignorancia, aversión y apego- en tu interior? Si no has hecho nada para desembarazarte de ellos ¿por qué deberías, de repente, tener una mente libre de ellos? Estas reflexiones son vipasana puro: reflexiona en lo que crees y por qué lo crees.

Buda era muy enfático al respecto: mientras persistan en tu interior, la ira, la ignorancia y el apego, el ciclo interminable de nacer, enfermar, envejecer y morir seguirá continuadamente. Este ciclo se denomina samsara.

Las semillas de todas las actividades físicas, verbales y mentales cometidas en esta vida y en las previas no solo viajan contigo allí donde vayas, sino que también son responsables del reinicio de la siguiente vida. Hasta que no vacíes la mochila, hasta que no agotes las semillas de tu actividad promovida por la ignorancia, el apego y la aversión, no es posible escapar de este ciclo porque estos tres son sus creadores principales.

Cuando entiendes bien la naturaleza de dukha, de modo natural despertarás un pensamiento nuevo y muy positivo: hacer todo lo que esté en tu mano para separarte de estas situaciones recurrentes y lograr la felicidad permanente de la liberación.

Es decir, si reflexionas en los puntos explicados se producirá en ti el deseo de abandonar dukha y de experimentar la libertad del Nirvana. Este doble deseo se suele denominar, la renuncia. Y cuando lo despiertes enfócate en él con concentración.

La Transitoriedad

El cambio en muchas ocasiones causa insatisfacción; te separa de lo que quieres y te une a lo que no quieres; las amistades varían, la pareja nos rechaza, pierdes aquello a lo que estás enganchado. Todo ello duele, altera y te entristece. Incluso te pueden alterar cosas que no controlas, como el tiempo. Si hace calor te quejarás, pero si hace frío también; si no hace viento, lo pedirás; y si lo hace, preferirás que deje de hacerlo.

Todo lo que existe puede causar insatisfacción y no es así porque las cosas tengan esa función innata sino porque tú eres producto de tus propias semillas kármicas que determinan el modo en que experimentas la realidad.

El Buda denominaba "productos condicionados" a todas las cosas -externas e internas- que surgen de causas y que se caracterizan por tres hechos:

1. *Todo es transitorio.* Las cosas cambian, se deterioran. Debido a estos cambios, las cosas condicionadas son dukha.
2. *Todo es insatisfactorio.* Cualquier fenómeno condicionado puede producir malestar.
3. *Todo carece de esencia sólida o sustancial.* Es simple, si todo cambia no hay nada sólido. Y nosotros nos aferramos a una personalidad fija e inmutable, a un yo sólido y no cambiante.

La transitoriedad es fácil de entender, incluso puedes "ver directamente" muchas cosas y situaciones que cambian. Quizás no vives de acuerdo con sus implicaciones, pero sabes que es cierto. El hecho de que todo cambie es inevitable pero lo que sí puedes evitar es aferrarte a que no cambia.

Incluso hay quien se siente infeliz cuando oye estos

discursos acerca de la verdad de las cosas "¿por qué no hablar de la felicidad, del placer?" No se habla tanto de ello porque lo que impide de verdad vivir mejor es 1) no querer ver de frente dukha y la transitoriedad, y porque 2) todo lo que consideras agradable o que te llena de deleite, en realidad es breve, dura poco.

Desde el lado negativo, que las cosas a las que te apegas cambien, produce malestar; desde el lado positivo, el cambio hace posible que las situaciones puedan mejorar, cambiar. Si las cosas fuesen estáticas y sólidas ningún cambio sería posible, el hecho de que no lo son trae consigo buenas y esperanzadoras noticias.

Buda enseñó la ausencia de la existencia esencial (skt: *anatman*) porque las cosas cambian a nivel microscópico; no puedes fijar o coser en ellas una etiqueta fija, un yo, un mío, sólidos. Todo cambia demasiado deprisa para poder mantenerse ni tan siquiera un micro-instante, en consecuencia ¿a qué te aferras? Este es el vacío más primario con el que debes entrar en contacto.

Por supuesto, es válido y correcto decir "yo estoy aquí", "esta es mi casa", "esto me gusta", etc. El punto es que, cuando te acercas a la base que te hace decir "mí" o "yo", no encuentras una esencia fija sobre la que colocar esa etiqueta. Si buscas, no encuentras. En consecuencia, aferrarse a esa etiqueta sólida y fija no encaja con la realidad cambiante que te envuelve de modo imperceptible.

Si observas tu propia mente unos minutos podrás comprobar la inestabilidad porque se agolpan recuerdos, memorias, emociones, calma, agitación, pensamientos. En consecuencia, es absurdo apegarse o rechazar con ira estas sombras pasajeras.

Es posible llegar a detectar ese cambio sutil y es entonces cuando podrás ver que no hay necesidad alguna de aferrarse a una entidad sólida en ti o en la realidad. Vivir sin el fuerte sentido de un yo sólido y controlador es el principio de una vida más apacible. El nombre que tienes en tu documento de identidad no es garantía en absoluto de que tu identidad sea sólida, estática y esencial, aunque, obviamente, es una herramienta útil para las convenciones de la vida cotidiana.

Se dice que cuando llegas a la experiencia de que ese yo o entidad personal que has estado protegiendo tan vigorosamente es, de hecho, una ilusión, una corriente constante de sensaciones, emociones y estados físicos cambiantes, entonces no habrá base alguna para sentirse infeliz o insatisfecho.

Tuve una experiencia reveladora en Paris en 1975. Ya llevaba un año de exiliado político y yo venía de una familia conocida y de clase media en mi ciudad. Ya sabes, aquello de "oh, es el hijo de fulano de tal". En realidad, nos aferramos a estas etiquetas creyendo que son un punto de referencia seguro y protector ante la fragilidad de la existencia. En Paris, como refugiado político, preocupado por vez primera en mi vida por el dinero, en busca de papeles, siendo un desconocido... De repente, todo se derrumba: "No eras aquello que creías ser"; no hay ningún punto de referencia claro y sólido al que agarrarse. Vivimos aferrados a una ilusión que causa todo el dolor que experimentamos.

Sin Control

Si estuvieras a cargo, si tuvieras control de tu vida, no habría razón por la que sentirse insatisfecho pero la realidad es que controlas muy poco. En múltiples ocasiones no obtienes lo que deseas y te ves separado de lo que deseas. Mientras comes tu arroz integral, meditas o haces yoga, envejeces y te acercas a la enfermedad y a la muerte. Pierdes información del disco duro, hablan mal de ti, se deteriora tu memoria, salud física y vitalidad. Te gustaría permanecer sano y joven pero tu cuerpo sigue su camino y tiene sus propios planes.

Muchos vivimos colgados de la ilusión del si condicional: "Si tuviera una casa mejor, un marido mejor, unos amigos mejores, un país mejor, después sí… sería la persona más feliz". Buda decía que hay dos tragedias en la vida: *no conseguir lo que uno anhela, y conseguirlo…* Luchas por conseguirlo y luchas para mantenerlo.

Reflexiona una y otra vez en el cambio y en tu falta de control, y aflojarás tu aferramiento al yo sólido e inalterable. Y comprenderás que un yo que esté al control de tu vida no existe, aunque lo parezca.

Comprender el karma: La ley de causa y efecto y los kleshas

La causa y el efecto es la ley más importante que gobierna nuestra vida. Cuando la entendemos y vivimos de acuerdo con ella, nuestra vida se vuelve más pacífica y serena; si la seguimos ignorando experimentamos confusión y dolor. Esta ley mueve los hilos detrás de la realidad que vivimos. Cada uno de nosotros es como un artista que dibuja en el lienzo de la vida, nuestro cuerpo, nuestra mente y cómo experimentamos la realidad que nos envuelve.

Un gran sentimiento de libertad emerge al saber que con tus actos, pensamientos y palabras modelas tu futuro, y que la plataforma desde dónde empezar a crear tu nueva realidad es el presente.

Karma se refiere a la intención previa al acto. Procura observar tus impulsos tratando de no reaccionar de primeras a lo que ocurre en la mente, tal y como aprendiste en la práctica de dejar la mente en su estado natural. Esta actitud te facilita el poder llevar una vida ética: *No decir, ni pensar, ni hacer lo primero que te viene a la mente en el día a día.*

Karma es una palabra sánscrita y, por exótica que parezca, se refiere a la intención que hay detrás de los actos. Específicamente, cada acto intencionado trae un resultado. Cuando actúas movido por la avaricia, la envidia, el resentimiento, estás plantando semillas para experimentar dolor.

¿No te lo crees? Solo observa el efecto inmediato que produce en la mente cualquier estado mental negativo; ya se produce una primera expresión verificable de causa y efecto por el malestar que producen. Actos creados por estados mentales positivos como la generosidad, el amor, la compasión, la sabiduría, crean una repercusión de bienestar. Actos creados por estados mentales negativos como la ira, el resentimiento, el apego las dudas negativas, crean una repercusión de malestar.

Esta ley tiene vastas implicaciones en nuestra vida. Hoy llevas a cabo un acto y, en algún momento posterior, tendrás que experimentar sus resultados. Si siembras semillas de tomates en tu huerto, y todas las condiciones están presentes, el año próximo comerás tomates. A otro nivel, tiene que ver con la calidad de la mente en el momento mismo del acto, si es de amor o generosidad, al instante tienes una experiencia agradable; si es de avaricia o ira, la mente se siente inquieta y mal.

La mente es como un campo fértil, y los actos siembran un poder potencial o semilla que producirá un efecto. A no ser que saques este poder potencial de tu interior, se producirá el resultado, bueno o malo, para que tú lo experimentes. Una semilla de mango solo produce mangos; una semilla de una planta venenosa o amarga solo produce amargor. Aplica esta ley natural al plano psicológico.

Cuanto más consciente eres de esta ley más te das cuenta de la importancia de vigilar las intenciones que preceden tus actos. Para lo bueno o para lo malo el karma nos condiciona. Si cultivas el amor y la generosidad experimentas su sabor al instante y, a la vez, haces que estos estados formen parte de tu constitución mental. Lo mismo ocurre en el lado negativo. Cada estado mental, cada acto que repites se vuelve más fuerte y crea la predisposición hacia este tipo de comportamiento. Cada uno de nosotros está compuesto de un esquema de personalidad personal e intransferibles y es el resultado de la suma de tus propios actos, conscientes o inconscientes.

Una buena comprensión de esta ley te incita a *procurar* que cada instante de tu vida venga precedido por estados mentales positivos y no por los negativos. Esto es la ética.

Puesto que no solemos prestar atención a la ley de causa y efecto, creemos que una vez hemos dicho, pensado o hecho algo no deja rastros en la mente, lo cual es como lanzar una piedra en el agua y esperar que no se creen olas. Entender esta ley es la base para despertar la sabiduría que sabe que los actos que realizamos producen libertad y felicidad o esclavitud y dolor.

Las tres condiciones

El karma es un tema tan complejo y sutil que se dice que sólo un buda es capaz de comprender todas sus implicaciones. Para que algo llegue a existir se deben dar tres condiciones:

1. La condición de la existencia de una causa.
2. La condición de la impermanencia.
3. La condición de la potencialidad.

La condición de la existencia de una causa. Significa que las cosas no surgen de la nada; *todo lo que existe ha sido producido por otra cosa.* La causa y el efecto están en constante funcionamiento en el mundo natural y nunca dirías que un manzano surge de la nada. Lo que hizo Buda simplemente fue extender este entendimiento lógico de la causalidad para abarcar todos los aspectos de la realidad, tanto en lo que se puede observar como en lo que no es directamente observable. La ley de causa y efecto es esencialmente una ley natural y ninguna otra explicación tiene sentido racional.

La condición de la impermanencia. Se requieren causas para producir resultados, no obstante, sin la capacidad del cambio, nada podría crearlos. La permanencia denota un estado de inmutabilidad; en consecuencia, un fenómeno permanente no puede pasar de ser una causa a ser efecto. Ni tampoco podría ser parte de un proceso dinámico que crea un resultado, ya que el acto de la creación en sí cambia al creador. Por tanto, no puede existir una causa permanente. De hecho, en la lógica budista, el término "causa permanente" se contradice a sí mismo. Una cosa permanente lo es, precisamente, porque no puede producir fruto alguno.

La condición de la potencialidad. No es suficiente con que exista una causa previa y que esa causa sea transitoria. La causa ha de tener también una tercera condición, la potencialidad: la capacidad de producir el resultado correspondiente. Un manzano es una causa y es transitoria, pero no tiene la capacidad de producir piñas ni otras frutas; un manzano sólo puede producir manzanas. *La potencialidad debe estar de acuerdo con el resultado.* Si utilizamos este tipo de lógica, podremos aplicarlo a todos los sucesos que tengan una causa y un efecto. Esta condición funciona sistemáticamente a través de un punto de vista evidente: un manzano no puede producir piñas.

Causas principales y causas secundarias

El modo en el que las causas producen resultados debido a estas tres condiciones es una descripción importante de la matriz de acontecimientos que configuran la creación de cualquier objeto o suceso. No obstante, el panorama general es mucho más complejo porque, además de ellas, existen otros factores que determinan cómo algo puede llegar a existir: las causas principales y las causas secundarias, también conocidas como, *causas y condiciones.*

Aunque la *causa principal* también se llama causa material, eso no significa que la causa deba ser sustancia física sino solo que debe actuar como causa principal. El término "material" en este contexto simplemente significa la *esencia de lo que se transforma en un resultado.* Puede ser física, como una semilla que se convierte en una flor, pero también puede ser mental, como cuando se produce un momento de ira que conduce al revanchismo.

Con mucha frecuencia, la causa principal, por sí sola, no es suficiente para impulsar verdaderamente el cambio. El agua, la humedad, el calor y la tierra son elementos necesarios para que la semilla se pueda convertir en una flor. Una semilla seca que se encuentra en una despensa tiene la capacidad de producir una hermosa flor, pero como carece de las causas secundarias, no la podrá producir. Las causas principales y secundarias deben estar presentes para que se produzca un resultado.

Para que un estado mental en particular pueda florecer en nuestra consciencia, debe haber una causa principal, que es el productor principal de ese estado: *el momento mental inmediatamente precedente*. A continuación, existen una serie de causas secundarias que no tienen que ser, necesariamente mentales, podrían incluir un entorno particular o un acontecimiento externo.

Por tanto, este mecanismo que produce nuevas cosas a través de una serie de causas y condiciones siempre tiene una causa principal y una causa secundaria.

Es muy importante comprender estos hechos porque, con mucha frecuencia, cuando nos enfrentamos a situaciones particulares, tendemos a atascarnos en una *sola* de estas causas. Sentimos que es esta causa la que ha producido este problema y que no se puede cambiar nada. Si observamos la causa principal y la causa secundaria como un todo, que es una combinación de ambas lo que ha creado la situación, tendremos la oportunidad de analizar de manera más realista la forma de afrontar nuestros problemas.

Cuando comprendes profundamente las dos primeras nobles verdades enfatizas apartarte de cualquier acto negativo y seguir cualquier acto positivo. De este modo se cumple con la enseñanza tradicional del Buda: ética, concentración y sabiduría.

Los Dieciséis Aspectos de las Cuatro Nobles Verdades

Los cuatro aspectos de la verdad del sufrimiento

Cada una de las nobles verdades consta de cuatro aspectos -dieciséis en total- que nos ayudan a eliminar concepciones erróneas de la realidad que, de un modo u otro, todos tenemos. Contemplar, reflexionar y analizar desde todos los ángulos los dieciséis aspectos pone en tela de juicio muchas ideas y perspectivas de la realidad que provocan malestar.

Vipasana, en realidad, confronta y desafía las ideas que tienes de la realidad para que detectes sus inconsistencias, si este es el caso. A continuación examina, pues, si tienes las cuatro concepciones erróneas siguientes con respecto a la verdad de dukha o sufrimiento:

1. Creer que los agregados contaminados son permanentes.
2. Creer que los agregados contaminados tienen una naturaleza agradable.
3. Creer que los agregados contaminados son limpios y puros.
4. Creer que los agregados contaminados tienen una existencia esencial.

Aunque estas cuatro ideas son erróneas, las tenemos y nos aferramos a ellas de modo habitual; nos producen dolor superficial y sutil. Las contrarrestamos pensando y analizando en los cuatro aspectos de la verdad del sufrimiento:

1. Transitoriedad.
2. Sufrimiento.
3. Vacío.
4. Ausencia de existencia esencial.

El término "agregado contaminado" alude a los cinco agregados de los que consta la persona: cuerpo, sensaciones, discernimientos, factores composicionales y consciencia. Todos ellos están sujetos a tus propios kleshas y karma. Son su producto y la causa de que persista la contaminación en ti.

También actúan como la base de imputación del yo, de tu identidad. "Yo" puede referirse al yo que existe, el convencional, pero también al yo falso y sólido al que te aferras –una idea del sentido de identidad parecido al alma- o una versión más sutil -un yo que existe de modo sustancial y autosuficiente. Y, desde la perspectiva prasangika, se podría referir también a un yo con una esencia inherente.

Los distintos tipos de yo falso recubren la verdadera naturaleza del yo, y son la causa raíz de todo dukha. Para empezar a ir más allá de este ciclo tóxico reflexiona y medita en los cuatro aspectos propios de esta verdad.

Transitoriedad

Buda explicó en muchas ocasiones que los fenómenos son transitorios. Si no eres consciente de ello, persistirás en la creencia de que la muerte está lejos y siempre retrasarás el momento de empezar la práctica de Dharma. Vives con la creencia innata: "hoy no me moriré", "mi muerte está muy lejos". Para aflojar esta visión errónea, tanto la primera como la última enseñanza que impartió el Buda se referían a la transitoriedad. Si comprendes este hecho, te anima a iniciar y a completar tu práctica espiritual y a eliminar muchas visiones erróneas acerca de la vida.

En el *Sutra del Gran Nirvana,* Buda dijo:

> De todas las labranzas sembradas en el suelo,
> La suprema es la de otoño.
> De todas las huellas que se dejan en el suelo,
> La del elefante es la suprema.
> De todos los pensamientos que pueda tener una

Persona, los pensamientos de la transitoriedad
Y la muerte son los mejores,
Ya que éstos son los pensamientos que eliminan el
Apego, la ignorancia y el orgullo de los tres reinos.

La transitoriedad burda se refiere a los cambios visibles -un vaso que se rompe, una pareja que se separa, la muerte...

Haz un recuento de aquellas personas de las que hoy sólo quedan sus nombres y sus obras: reyes, políticos, artistas, científicos, yoguis, eruditos, intelectuales. Tú mismo eres transitorio, hoy estás sano pero mañana puedes enfermar y pasado mañana estar en el cementerio.

La transitoriedad sutil es "aquello que cambia momento a momento", se refiere al cambio que sucede en todo fenómeno, momento a momento. Aunque es difícil de percibir directamente es posible "verla" con el ojo de la mente a través de una inferencia[32] que es lo que persigues en vipasana.

Cuando te encuentras con un amigo, estás convencido de que es idéntico al que viste ayer o el año pasado cuando, en realidad, no ha dejado de cambiar ni un solo instante. La naturaleza de todos los fenómenos compuestos es la del cambio sutil. Nuestra idea es que las cosas entran en la existencia, permanecen y se desvanecen, pero, en realidad, las cosas no dejan de cambiar ni un solo instante de su existencia. El mismo acto de creación lleva implícita su destrucción; lo que causa su existencia causa también su desaparición de la existencia. Surgir y desaparecer no son contradictorios, sino que forman parte de un mismo proceso.

Los segundos, los minutos, las horas y las semanas van transcurriendo y su movimiento te acerca a la muerte. La vida es como el agua que cae de una gran montaña, desde la distancia parece sólida, pero cuando te acercas a ella, constatas que cae ininterrumpidamente y que nunca vuelve a su lugar de origen. ¿Qué es el presente? El Dalai Lama en su libro

32 Para una breve explicación de la inferencia ver capítulo Ver lo Invisible del libro *Sé tu Propio Refugio*. www.ediciones-amara.net.

Budismo señala que "es un estrecho umbral inapreciable entre el pasado y el futuro". Pasamos mucho tiempo pensando en el pasado y en el futuro y ninguno de los dos ocurre en el presente, que es escurridizo y cambia a cada nanosegundo. No es posible detener el fluir del tiempo para examinar un momento presente fijo.

Te relacionas con tus padres, familiares, amigos y con el mundo en general, gracias a tu cuerpo y, puesto que tarde o temprano, será enterrado o incinerado, un día u otro dicha relación cesará por completo. Después, una parte sutil de la mente se mantendrá. Aunque tu cuerpo proviene de los padres y es temporal, éste no es el caso de la mente que es una continuidad de la que tenías en vidas previas. Lo único que te puedes llevar contigo es la energía positiva o negativa de todos los actos cometidos.

Debes prepararte *ahora* para experimentar un futuro mejor, y la tarjeta de crédito necesaria para disfrutar de bienestar, tanto en el presente como en el futuro, es implicarse en actividades positivas y abandonar las negativas.

Uno de los beneficios de meditar en la transitoriedad es que corta con tu aferramiento a la permanencia. Puesto que la "permanencia" no es el modo en que existen las cosas, aferrarse a ella es un productor de dukha a lo largo de tu vida.

Procura no caer en el nihilismo pensando que, ya que todo cambia y es pasajero, nada importa ni merece la pena. Al contrario, puesto que las cosas son transitorias, el apego y la ira son innecesarios. Impermanencia también implica que, si creas sus causas, cualidades positivas como el amor, la compasión y la sabiduría, crecerán en ti.

Practicar vipasana implica prestar atención a los procesos físicos y mentales para entender que lo que parece sólido y compacto, es, de hecho, un proceso que surge y cesa a cada momento debido a causas y condiciones. A medida que tu concentración en ello es más estable, la transitoriedad sutil se vuelve más evidente para ti.

El Dalai Lama señala que cuando entiendes que las cosas surgen, se aniquila el *nihilismo*, la noción de que las cosas no existen en absoluto, o que la continuidad de la persona y los efectos del karma se detienen por completo en el momento de la muerte. Y entender que se desintegran elimina el *eternalismo*, la idea de que las cosas y personas puedan tener una realidad sustancial y permanente.

Sufrimiento, dukha.

A pesar de que la naturaleza del cuerpo y los placeres conllevan dolor, estás convencido de lo contrario. Muchos pensamos: "Oh, ahora no sufro de ninguna manera", pero esta afirmación solo demuestra que no se ha identificado con precisión lo que es, de verdad, dukha. Puesto que tus agregados están bajo el control de kleshas y karma, estás sujeto a dukha. Reflexionar en este segundo aspecto contrarresta creer en lo contrario.

Para comprobar que tanto el cuerpo como los placeres son, en última instancia, malestar, piensa en las siguientes afirmaciones del Buda:

> Todo lo que nace, muere.
> Todo lo que se acumula, se pierde.
> Todo lo que se junta, se separa.
> Todo lo que asciende, desciende.

Los dos primeros son obvios. La separación a la que alude la tercera afirmación, "todo lo que se junta, se separa", puede ser de dos tipos: temporal o última. *La separación temporal* es la que acontece a lo largo de esta vida. Por ejemplo, aunque en estos momentos puedas estar rodeado de tu esposa o esposo, hijos y amigos, muy a pesar tuyo tendrás que separarte de ellos. Cuando los hijos crecen, se independizan, y aquel ser que dependía exclusivamente de tu cuidado y consejos ya es un hombre o una mujer con su propio hogar, quizás muy lejos del tuyo. *La separación última* es la que ocurre al morir.

Vacío, sunyata

Aquí, "vacío", no se refiere a la vacuidad tal y como se explica en la escuela prasangika sino que alude a la idea errónea de que, en tu cuerpo y mente reside una entidad estática, indivisible y sin causas que es completamente independiente de los agregados. En nuestra cultura la denominamos "alma": una entidad que existe aparte del cuerpo y de la mente y que te trascenderá una vez muerto.

Según el análisis de las distintas escuelas budistas, ésta es una idea intelectualmente adquirida al seguir creencias teístas que consideran que este "ser", "yo", "identidad personal" o "alma" debe ser un fenómeno *estático*, a pesar de que el cuerpo y la mente son transitorios; *indivisible*, a pesar de que el cuerpo y la mente son compuestos; y *carente de causas*, a pesar de que el cuerpo y la mente dependen de causas.

La comprensión de este nivel de "vacío" contrarresta la idea de creer que nuestro cuerpo que no es limpio tenga un poseedor sólido y estático.

Podemos usar una analogía clásica. En nuestra concepción habitual de la relación entre el "yo" y los agregados -cuerpo y mente-, tenemos la sensación de que el "yo" es el amo que tiene como súbditos al cuerpo y a la mente. El yo es como un rey retirado en su castillo que, a la vez, tiene bajo control a sus súbditos. Darse cuenta de que un fenómeno con estas características es inexistente sería entender una vacuidad muy primaria pero importante.

Si meditas en la transitoriedad sutil de cuerpo y mente llegas a ver claramente que una entidad con estas tres características mencionadas no es más que una ficción de tu imaginación. El yo, tu identidad personal, no es nada más que una combinación de fenómenos físicos y mentales que no dejan de cambiar ni un solo instante.

Ausencia de existencia esencial

El budismo consta de cuatro escuelas filosóficas que interpretan la vacuidad o el vacío de manera diferente pero complementaria. Así pues, en este contexto, "ausencia de existencia esencial" alude específicamente a la inexistencia de un "yo", un "ser", una "identidad personal" autosuficiente en el conjunto del cuerpo y la mente; es decir, que pueda existir *sin depender* de ellos.

En general, nada existe sin depender de otras causas o condiciones. En el punto anterior, *vacío,* solo negaba una identidad personal, un "yo", singular, permanente y *completamente* independiente del cuerpo y de la mente. Ahora se refuta una identidad personal *vinculada* con tu cuerpo y tu mente pero que, *a la vez,* es autosuficiente y se auto-sostiene. Se alude, pues, a un vacío más refinado y sutil que el anterior.

Instintivamente sientes que, por supuesto, no existes *totalmente* separado del cuerpo y de la mente pero, aun así, tienes la sensación de que los dos están bajo tu control. No sería una relación como la que existe entre un rey y sus súbditos como en el caso anterior, sino como la que se da entre un gerente ejecutivo y los oficinistas a su cargo. A pesar de que el gerente también es un trabajador, de *algún modo,* se siente especial y distinto ya que da órdenes a los que tiene a su cargo.

Los postulantes de estos tipos de existencia esencial, caen en el error de señalar a alguno de los agregados como "yo", "ser". Algunos proponen que el "yo", es el conjunto del cuerpo y mente, otros sostienen que es sólo uno de ellos; para la escuela prasangika, en cambio, no hay ningún componente de tus agregados a lo que puedas señalar como "identidad personal" intrínseca -alude a una ausencia de existencia esencial más profunda.

Usamos estas dos visiones erróneas de nuestra identidad personal como puntos de referencia para establecer lo que creemos ser cuando, en realidad, no son más que ficciones. Desde la perspectiva prasangika, comprender estas dos visiones erróneas prepara el camino para comprender que, detrás de ellas, existe otra aún más refinada y que es la raíz de todo malestar: aferrarse a un yo esencial o intrínseco.

Los cuatro aspectos de la verdad del origen

Una vez más, la práctica de vipasana entraña reflexionar para detectar si tienes cuatro concepciones erróneas relativas a la verdad del origen de dukha:

1. El sufrimiento no tiene causas.
2. El sufrimiento es producido por una causa externa.
3. El sufrimiento es causado por un Creador.
4. El sufrimiento es permanente.

Los cuatro aspectos de la verdad del origen que contrarrestan estos puntos de vista erróneos son:

1. Causa.
2. Origen.
3. Producción poderosa.
4. Condición y circunstancias del sufrimiento.

Algunas filosofías sostienen que dukha, el malestar, aparece sin causa alguna; otras afirman que dukha es causada por el poder de un Dios todopoderoso y estático. Seguramente ideas similares impregnan tu sentido de la vida, pero la realidad es que, cualquier malestar que los seres experimentan, necesariamente ha de tener sus propias causas, un origen, un proceso de producción y unas condiciones y circunstancias que lo producen. Entender estos hechos es suficiente para que le des un giro a tus ideas habituales.

La *causa* y el *origen* del sufrimiento son el karma y las aflicciones mentales. Acostúmbrate: toda situación en la que te encuentras tiene estas dos causas principales. Entender este hecho contrarresta la enraizada idea de que dukha ocurre "casualmente" o "sin causas". Todo ocurre debido a causas previas.

Y también corta la visión falsa de que dukha ocurra debido solo a *una* causa -como una sustancia primaria o poderosa de la que todo se origina. Si dukha viniese de una sola causa, no dependería, como ocurre en realidad, de muchos otros factores. Si las causas secundarias no fuesen necesarias para dar un resultado, o bien esta causa única nunca produciría un resultado o nunca dejaría de producirlo. Las dos conclusiones son absurdas.

Si un brote, por ejemplo, dependiera *únicamente* de su semilla, no se requeriría nada más para que ésta creciera, de modo que podría dar su fruto en cualquier estación del año; sin necesidad de la temperatura agradable de la primavera. Puesto que las cosas surgen de muchas causas, no son predestinadas, sino que dependen de la unión de distintos factores.

Karma y kleshas son un *productor poderoso* del malestar, ya que siempre lo producen. El karma y el ansia son *condición y circunstancia* del sufrimiento porque, como cualquier fenómeno transitorio, actúan como causa secundaria para producirlo. Comprender estos hechos elimina la idea de que dukha surja de causas discordantes tales como un creador externo -que no podría de ningún modo crear el mundo y el sufrimiento en él.

Todo lo que te ocurre ha sido creado en tu mente por las intenciones positivas, negativas o neutras y las acciones físicas, verbales y mentales resultantes.

Las acciones intencionadas son karma y se originan en la mente de los seres conscientes. Aunque actuemos bien, este karma virtuoso es polucionado por la ignorancia y crea más samsara, en este caso, agradable. La paz y la felicidad nunca pueden surgir de la ignorancia y el apego.

Que el *ansia o apego* y el karma sean condición y circunstancia contrarresta la idea de que dukha sea una condición permanente y eterna, porque cuando sus causas sean eliminadas, dukha dejará de ocurrir.

La filosofía budista sostiene que todo fenómeno depende de sus propias causas. Las aflicciones mentales y el karma no son permanentes porque dependen de causas y condiciones. Al ser causa producen sus propios resultados y actúan como condición secundaria para generar todo tipo de dolor.

Contemplar estos cuatro aspectos de la verdad del sufrimiento refuerza tu determinación de abandonar los orígenes de dukha: tu anhelo de buscar la liberación se fortalece.

Los cuatro aspectos de la verdad de la cesación

Las cuatro concepciones erróneas relativas a la verdad de la cesación son:

1. Creer que la liberación no existe.
2. Creer que estados contaminados son liberación.
3. Creer que la supresión temporal de las aflicciones mentales es la liberación suprema.
4. Creer que las aflicciones previamente erradicadas pueden regresar.

Los cuatro aspectos que los contrarrestan son:

1. Cesación.
2. Pacificación.
3. Excelencia.
4. Emergencia definitiva.

Cesación, liberación del sufrimiento y Nirvana son sinónimos. Liberarse de dukha no es una quimera, y darse cuenta de que esta posibilidad existe para cada uno de nosotros, es el antídoto a la creencia errónea de que la liberación no existe.

La *cesación* alude a un estado interior en el que nunca más experimentarás dukha, malestar, dolor; es la ausencia completa de kleshas y de karma contaminado. Algunos creen que llegar al paraíso -que en términos budistas se refiere a "la cima de la existencia cíclica" producida por estados de profunda concentración-, es *moksha*, la liberación. Pero es un error porque solo se trata de un estado sublime caracterizado por el *adormecimiento* de toda aflicción y no por su *erradicación*. Es mejor utilizar la concentración para generar la sabiduría que comprende la vacuidad ya que, sin ella, es imposible liberarse del samsara. El antídoto a la creencia de que "la cima de la existencia cíclica" es la liberación, es comprender la verdadera *pacificación* o Nirvana, que tiene la cualidad de pacificar y eliminar de modo definitivo las aflicciones y karma.

Creer que la cesación del sufrimiento es un lugar físico donde uno ha de llegar es un engaño intelectualmente adquirido, y su antídoto es la *excelencia* del Nirvana, que es la fuente de salud y felicidad últimas.

Creer que cuando las aflicciones mentales son desenraizadas pueden regresar a enturbiar la mente es una visión errónea y su antídoto es la *emergencia definitiva*, denominado así porque el dolor ya no subsiste.

En el capítulo de la rectitud, la *Guía* de Shantideva nos recuerda:

> Cuando los enemigos ordinarios son desterrados,
> se establecen en otro lugar para recuperar fuerzas
> y regresar, pero el caso del enemigo principal, mis
> emociones aflictivas, es diferente.
> Cuando las aflicciones mentales sean apagadas de mi
> mente por el ojo de la sabiduría ¿dónde irán?, ¿dónde
> vendrán para volver a perjudicarme? Mi mente
> es débil y soy incapaz de esforzarme.

Cesación es la consumación completa de las aflicciones mentales y del karma contaminado. El Nirvana es la *pacificación* porque, en ausencia de aflicciones y karma contaminado, se experimenta paz verdadera. Dicha paz es la *excelencia* o gozo porque uno está libre de sufrimiento. Cesación es la *emergencia definitiva* que, en este contexto, significa que ya no se volverá a experimentar ni karma contaminado ni aflicciones.

Los cuatro aspectos de la verdad del sendero

Las cuatro concepciones erróneas relativas a la verdad del sendero son:

1. Creer que no existe sendero a la Liberación.
2. Creer que la sabiduría que comprende la vacuidad no es el sendero a la Liberación.
3. Creer que los senderos mundanos de concentración son el sendero a la Liberación.
4. Creer que no existe un sendero que lleve a la erradicación del dolor.

Los cuatro aspectos de la verdad del sendero que los eliminan son los siguientes:

1. Sendero.
2. Adecuado o consciencia del sendero.
3. Logro.
4. Libertad definitiva.

Sendero aquí se refiere al óctuple sendero noble, propio de la tradición theravada, o a los cinco senderos, propios de la tradición mahayana y caracterizados por la sabiduría que comprende la vacuidad. Es un *sendero* que conduce a la liberación. La firme creencia en la existencia de un sendero erradica la visión errónea de pensar que no existe sendero alguno a la liberación.

Lo *adecuado,* en otros textos traducido como "antídoto" o "consciencia", se refiere a la sabiduría que comprende directamente la vacuidad, el antídoto a la ignorancia.

La sabiduría que comprende la vacuidad es *logro* porque es el sendero sin errores que lleva a la Liberación.

Es *libertad definitiva* porque destruye completamente la raíz del dolor: la ignorancia.

Así pues, existe un sendero, una consciencia que comprende el sendero y que es posible desarrollar, un logro a conseguir y una libertad definitiva que te espera.

Percibir directamente la vacuidad es el *sendero* directo a la liberación; es *adecuado* porque dicha percepción elimina las aflicciones; es *logro* porque te permite entender las etapas del sendero que te liberan de las aflicciones mentales; es *libertad definitiva* porque elimina de raíz las aflicciones mentales y el sufrimiento.

Es esencial recordar que existen dos elementos responsables de tus problemas: las aflicciones y el karma. Si deseas liberarte del samsara es necesario despertar la sabiduría que comprende la vacuidad -el oponente a la ignorancia que se aferra a la existencia esencial. Pero sólo en dependencia de una buena concentración, la mente se puede fundir con la vacuidad sin intermediario conceptual. Llegados a este punto empieza el sendero de la visión donde se experimenta directamente la vacuidad. Muchos textos afirman que explicar la experiencia de la vacuidad por medio de conceptos es difícil, sobre todo a alguien que no lo ha experimentado. Sería como explicar el sabor de la miel a quien no la ha probado. No obstante, esto no significa que sea imposible de describir o definir. Existen muchas explicaciones para llegar a dicho estado. Escuchar y contemplar son como los padres que dan a luz una imagen conceptual clara de la vacuidad. Concentrarse repetidamente en esta imagen mental produce la experiencia directa del vacío.

Los Siete Factores de la Iluminación

Cuando pones en práctica cualquiera de las enseñanzas que aparecen en este libro cultivas siete factores cuya función es desarrollar cualidades internas muy positivas. En realidad, cualquier camino espiritual tiene que ver con el cultivo de ellos, y todas las tradiciones budistas los desarrollan de modos distintos.

Piensa en el mensaje del Buda como en una maravillosa semilla plantada en la tierra de la cual ha surgido un árbol con raíces profundas, grandes ramas, hojas, flores y frutos -las diferentes tradiciones del Dharma. Unos podrían decir que el Dharma se encuentra en la raíz, otros que está en las ramas o las flores y otros que está en sus frutos; pero las diferentes partes no se pueden separar, forman parte indistinguible del todo. Los siete factores son como la savia que impregna el árbol de la liberación y que alimenta todas las partes.

Los siete factores de la Iluminación son cualidades que surgen de tu práctica y, cuando se cultivan, afectan profundamente tu relación con el mundo.

Atención

Es el elemento central de los siete y puede referirse en cierto modo a una consciencia clara de lo que está sucediendo en cada momento. Su opuesto es el modo en que sueles vivir la vida, con el piloto automático, sin ser muy consciente. Cuando estás atento tienes este sentimiento de hacer las cosas con plena presencia; actúas con impecabilidad, siendo consciente de la naturaleza de los actos, con el conocimiento de que no hay mucho tiempo porque la muerte está muy cerca, prestas atención a lo que haces, dices y piensas, lees textos sagrados con atención. Estas actitudes proporcionan energía y alegría en la mente. Se ha descrito la atención en el capítulo sobre samatha. Podríamos decir que, de modo general, la atención tiene tres funciones:

1) *Ver y experimentar claramente lo que ocurre en el cuerpo, la mente, sin aversión, apego o ignorancia.* Liberarte de reacciones engañosas te permite experimentar una libertad especial porque surge una clara comprensión de la naturaleza de la realidad.

2) *Desarrolla el resto de factores.* A medida que crece el factor de la atención, crece la calma y ecuanimidad. La atención es buena para la meditación, pero también para estudiar, trabajar, caminar, conducir, cocinar y especialmente para vivir. Si la refuerzas actúa como protección ante las circunstancias cambiantes de la vida.

3) *Equilibra la mente.* Si caes presa de cualquier engaño o aflicción y, en ese momento, puedes despertar la atención comprendes tu estado mental y lo equilibras.

Para Buda, la atención es el factor más importante para cultivar estados mentales saludables y para hacer decrecer los nocivos. A más atención más purificación.

El Maestro Vasubhandu del siglo IV, en su *Sumario de los Cinco Agregados* habla de la atención como: "El factor mental que evita distraerse de un objeto con el que se ha familiarizado".

"Objeto con el que se ha familiarizado", significa que no puede haber memoria o atención respecto a un objeto que no te resulte familiar. Ese objeto "familiar" que has experimentado previamente puede ser la respiración, la mente, el amor, la compasión...

"Evita distraerse", se refiere a la facultad que te permite seguir sosteniendo la atención en ese objeto; la capacidad de recordar continuadamente algo que ha sido previamente entendido. En otras palabras, podrías decir que la atención tiene una estrecha relación con la memoria: no olvida un objeto conocido, y su función es impedir dejarlo.

La atención *no olvida* una vez se ha enfocado en el objeto. Su *función* es impedir la distracción. Si te apartas del objeto, has perdido la atención; para evitarlo, tu mente debe fundirse con él. A través de la atención continua se incrementa la permanencia apacible.

Asanga, hermano mayor de Vasubhandu, y seguidor de la escuela mahayana, chitamatra, en su *Compendio del Abhidharma* (Skt: *Abhidharmasamuccaya*) define la atención de un modo muy parecido: "La atención es el factor mental que no olvida un objeto familiar, y su función es la de no distraerse".

Uno de los sentidos de los términos *sati* o *drenpa* es la *capacidad de recordar*. La atención es una forma de memoria, aunque no es exactamente lo mismo que acordarte de dónde dejaste las llaves, por ejemplo. Es la capacidad de recordar en el sentido de que *cuanta más atención le prestas a algo, más fácil te resulta recordarlo*.

La atención, pues, es esta capacidad para evocar, retener y sostener el objeto en el que meditamos, sea este la respiración, la naturaleza de la mente, el amor, la compasión, el desapego, la transitoriedad de las cosas, y tantos otros.

Budagosha, sabio representante de la escuela theravada, en su famoso *Sendero de Purificación*, define la atención de ese modo:

> La atención, mindfulness o *sati,* tiene la característica de "no ir a la deriva", tiene la función de "no olvidar" y su seña de identidad es "estar cara a cara con el objeto". Su causa próxima son los cuatro fundamentos de la atención: cuerpo, sensación, mente y fenómenos. Se la considera un pilar, pues está firmemente afianzada sobre el objeto, y es como un guardián porque protege las puertas de los sentidos.

"El guardián que protege las puertas de los sentidos", alude a la capacidad de la atención para discernir entre el bien y el mal, elemento vital para la observancia de la ética.

En otros textos como el *Attasalini* y el *Visudhimaga* o *Sendero de Purificación,* Budagosha describe la atención como un estado de "no superficialidad".

No superficialidad como sinónimo de "inmersión", pues la atención hace una inmersión profunda en el objeto y no le permite ir a la deriva, como si fuera una calabaza flotando sobre las aguas.

Hay cuatro aspectos centrales a la práctica de vipasana. Buda los denominaba *Los Cuatro Fundamentos de la Atención,* y se encuentra una versión theravada y otra de mahayana.

El primero es *atención al cuerpo.* Atención al mundo físico, al cuerpo y sus sentidos. Ser consciente de lo que ves, oyes, de los olores, gustos, sabores, de la respiración, la postura corporal, el movimiento.

El segundo es la *atención a las sensaciones.* Prestar atención a las experiencias, agradables, desagradables y neutras. Cuando estas distintas experiencias se vuelven predominantes se convierten en tus objetos de meditación. Estar atento a las sensaciones es muy importante porque condicionan el surgimiento del apego, la ira y la ignorancia.

En dependencia de las sensaciones agradables despiertas apego, aferramiento; en dependencia de las desagradables despierta ira, aversión, resentimiento. La práctica consiste en ser consciente cuando aparecen y soltar, no apegarse a lo agradable ni condenar lo desagradable. Estar atento a las sensaciones te ayuda a soltar.

El tercer fundamento es la *atención a la consciencia.* Ser consciente de los distintos estados mentales cuando aparecen. Si aparece la cólera o la aversión, la codicia y otros, sé consciente. No juzgas, ni evalúas, ni te aferras; ninguno de ellos es "yo", simplemente ocurren y tiñen la mente. Observa cómo surgen, cómo se van, como si fuesen parte de un espectáculo pasajero. Presta atención a los estados mentales por los que pasas –duda, temor, inquietud, nerviosidad, distracción, aburrimiento, sabiduría, alegría, recuerdos- y simplemente sé consciente de dicho contenido.

El cuarto fundamento es *atención al dharma,* darse cuenta de los tres aspectos de la existencia: la transitoriedad, el dolor y la ausencia de una esencia sustancial; darse cuenta de las cuatro nobles verdades; ser consciente de las leyes que gobiernan los elementos del cuerpo y la mente. Todo es transitorio, en flujo constante; todo está vacío de un yo sólido y concreto.

Esfuerzo, entusiasmo

El esfuerzo crece a medida que desarrollas la capacidad de estar plenamente atento. Presta atención al Dharma ya que desemboca en cuatro tipos de esfuerzo de los que hablaba el Buda:

1. Esforzarse en mejorar estados mentales positivos que ya forman parte de tu ser.
2. Esforzarse en apartarse de estados negativos que ya han surgido en ti.
3. Esforzarse en promover estados positivos que aún no han surgido.
4. Esforzarse en evitar estados mentales negativos que aún no han surgido.

Cualquier cosa que desees, tanto mundana como espiritual, requiere esfuerzo. Nadie ha puesto tus aflicciones en tu interior, ni nadie te las puede quitar, nadie iluminará nunca a otro ser; eres tú quien debe esforzarse en seguir el sendero de purificación. Cuando se cultiva el entusiasmo se debilita el sopor, la pereza mental, la indolencia.

Sabiduría

Se refiere a investigar el Dharma, la naturaleza de las cosas.

Por supuesto, a través del estudio y de escuchar a maestros cualificados, pero sobre todo meditando. A medida que la práctica progresa uno puede atravesar estados de duda, desánimo, y la sabiduría ayuda a superarlos.

La sabiduría no significa adoptar opiniones ajenas, está basada en la siguiente actitud: "*voy a ver por mí mismo si las cosas son transitorias, si hay malestar y si son carentes de una entidad esencial*". No se trata solo de una investigación intelectual, no viene de leer libros sino de meditar para ver mejor la verdadera naturaleza de tu cuerpo y tu mente. Cuando los observas, tienes la experiencia de que todo es transitorio; todo aparece, desaparece, todo viene, todo va; no hay nada en lo que encontrar seguridad.

El factor de la sabiduría hace que la experiencia de la transitoriedad se integre en tu mente, también percibirás la ausencia de una entidad personal sólida en ti. Ves, oyes, hueles, saboreas, tocas, piensas, incesantemente y detrás de estos procesos no hay nadie sólido que esté al control. El universo, tu vida, se reduce a estos seis procesos y fenómenos experimentados por alguien que no existe como siempre has creído: con una identidad sustancial y esencial.

Bienestar y deleite

Este factor entraña aprender a vivir y practicar con el corazón ligero; no tomarse las cosas demasiado seriamente. *Es un profundo interés en seguir tu meditación y estudios, pase lo que pase.* Este bienestar incluso afecta tu sistema energético y surge como resultado de los estados poderosos producto de la atención y concentración. Este bienestar también se refiere a la libertad interior que surge de estar apartado del apego y la aversión. Se da el ejemplo del hombre sediento, sucio y cansado que lleva días en el desierto: imagina el júbilo que sentiría si, de repente, llega a un oasis maravilloso, lleno de palmeras y aguas frescas y cristalinas.

Puedes hacer crecer este factor si te percatas de que tu

práctica meditativa te ayuda a cultivar cualidades como la paciencia, el esfuerzo, la sabiduría, la ética, la generosidad.

Reflexionar sobre las cuatro nobles verdades y las tres características de la existencia -dukha, transitoriedad, ausencia de existencia esencial- te ayuda a despertar este gozo. Es un estado mental lúcido y optimista.

Flexibilidad física y mental

En tibetano esta flexibilidad se denomina *shinjang* y no se refiere a la flexibilidad habitual sino a la eliminación de todo obstáculo físico y mental que te impide estar concentrado a voluntad; produce también un fuerte estado de gozo físico y mental. Se ha explicado en el capítulo de samatha, de la permanencia apacible.

Concentración

La concentración o samadhi se refiere a un estado mental absorto unipuntualizadamente en su objeto. Como luz concentrada que se transforma en un láser capaz de cortar el acero. La mente concentrada tiene la capacidad de penetrar en la realidad... para verla mejor.

Una de las experiencias más obvias cuando empiezas a despertar atención es el reconocimiento de que la mente está fuera de control, llena de pensamientos, planes, reacciones, agrado y desagrado. El continuo constante de sucesos físicos y mentales crea la apariencia de la solidez. Pero a medida que la concentración mejora penetras capas de pensamientos y sensaciones hasta llegar a ver que, tanto ellos como las emociones, simplemente surgen y pasan.

La ilusión de la solidez es debida al cambio constante y fluido de la actividad. Una mente concentrada ve el cambio que se encuentra más allá de la ilusión. La concentración es indispensable para practicar vipasana.

Ecuanimidad

La ecuanimidad se refiere a la tranquilidad de espíritu, un

estado mental en el que se han calmado los obstáculos en la meditación. Cuesta creer que tengamos la capacidad de entrar en un silencio profundo, pacífico y reparador. La calma interior es muy importante en la meditación y con ella aprendes a escuchar y ver mejor lo que ocurre en tu corazón.

Para apoyar esta calma interior es preciso desarrollar tranquilidad física, calma en la respiración así como dejar de lado, de vez en cuando, tus cosas habituales para irte a la naturaleza y estar contigo mismo. Este tipo de retiros produce una buena dosis de calma interior. Para conseguirlo aprende a soltar el aferramiento a lo que te gusta y la aversión a lo que te desagrada.

La ecuanimidad aquí es otra palabra para "serenidad mental". No debería confundirse con la ecuanimidad que se explica en el sendero mahayana y que es la base para despertar el amor y la compasión. Aquí se refiere a una ecuanimidad que te permite no exaltarse cuando las cosas van bien, ni deprimirse cuando van mal; y te permite alegrarte de la buena fortuna de los demás.

Es un poder especial que surge de la meditación y que se desarrolla a lo largo de la práctica. Te permite estar centrado, sin perder el equilibrio. No lo aprenderás o desarrollarás leyendo libros sino meditando habitualmente y entrando en retiros.

Tienes el potencial de desarrollar los siete factores y llevarlos a una intensidad potente en el sendero de la visión. Cada uno de ellos reporta beneficios inmensos para llevar una vida más sana, completa y satisfactoria.

El *Adorno de los Sutras Mahayana* explica que, según la mitología hindú y budista, los reyes Chakakravartin poseen siete objetos de poder especial: un chakra –rueda-, un elefante, un caballo, una gema que concede todo deseo, una reina, un ministro y un general.

La *rueda*, es muy importante tanto en el mundo material

como en el espiritual. El rey tiene la mejor rueda, vence a los demás y gobierna el mundo. En el sendero espiritual la *atención* es como esa rueda porque es la fuerza principal que te permite superar obstáculos y aflicciones. Del mismo modo que el rey usa la rueda para llegar a lugares que no ha conquistado, la atención te ayuda a conquistar los engaños, particularmente la ignorancia.

El *elefante* es un animal poderoso y fuerte, capaz de transportar mucha carga. Cuando lo montas te sientes cómodo porque se mueve con suavidad y llega a todas partes. En la antigüedad se usaba como un arma de destrucción. Del mismo modo, la *sabiduría* te da todo el poder porque es el antídoto directo a la ignorancia.

Montar un *caballo* te hace llegar de prisa a los lugares que deseas, y lo mismo ocurre con el *entusiasmo*.

El *deleite* es como una *joya*. En la mitología budista se habla de la gema que concede los deseos. Sin deleite y bienestar la meditación no irá bien; la práctica será como hacer subir a un burro cuesta arriba. Una atención estable es la causa del deleite y esto hace que todas tus prácticas sean interesantes.

El *gozo* que viene de la *flexibilidad* es como la *reina* que proporciona placer al rey. Según esta mitología la reina es fuente de gozo. La meditación, específicamente la de samatha, es la fuente del gozo no contaminado. La reina da placer al cuerpo y a la mente del rey como la flexibilidad se la da al meditador.

La *concentración* es como el *ministro*. El ministro es el asistente del rey, y su función es saber lo que él desea y llevarlo a cabo. Del mismo modo, la concentración facilita desarrollar todas las cualidades que necesitas.

La *ecuanimidad* es como el *general* mitológico. Este general sabe cómo y cuándo usar el ejército, cuándo redactar un tratado de paz. Del mismo modo, la ecuanimidad proporciona una fuerte base de serenidad y equilibrio y te hace saber cuándo aplicar antídotos en tu meditación o con cuanta intensidad has de aplicar la atención. Te da una fuerte estabilidad y seguridad, como un ejército que proporciona seguridad a un país.

Como colofón, pon en práctica lo que te haya gustado y te inspire de este libro; lo que no entiendas o no aceptes, apárcalo… de momento.

www.ingramcontent.com/pod-product-compliance
Ingram Content Group UK Ltd.
Pitfield, Milton Keynes, MK11 3LW, UK
UKHW021659190726
13853UKWH00001B/366